人を動かす
リーダーの条件

Requirements for Leaders Who Impress People　Iwabuchi Hideki

岩渕秀樹

ＫＫロングセラーズ

岩渕君の出版に際して

私は防衛大学校、江田島の幹部候補生学校を通じて岩渕君と机を並べ、共に学び、青春を熱く語り合った同期の桜、親友の一人です。岩渕君は熱い想いを貫き海上自衛隊の部隊指揮官の道を完遂し、私は江田島から民間企業への道を選びました。

今回、岩渕君の出版に際して事前に原稿を読ませていただいたところ、彼が熱く訴えているリーダーシップとフォロワーシップ、日本人の和と共栄の精神を活かしたチーム作りは、私たちが防衛大学校と海上自衛隊で学んだ精神であり、私が民間企業に入社後常に心がけ実践して来たものです。特に、欧州、南米、北米と、二七年に渡る海外勤務を通じて大変役にたった考え方でもあります。

この本が多くの企業人に読まれ、それぞれの職場におけるリーダーシップのあり方を考える際に、多くの示唆を与えてくれることを祈念いたします。

平成二七年五月吉日

友人　岩村哲夫

＊岩村哲夫氏は防衛大出身、筑波大学修了後一九七八年本田技研工業入社、ドイツホンダ社長、ホンダブラジル社長兼南米本部長、アメリカホンダ社長兼北米本部長等を歴任後、現職本田技研工業代表取締役副社長執行役員

はじめに

東日本大震災発生後、一時間で四二隻の護衛艦が緊急出港できた理由

平成二三年三月一一日、一四時四六分に東日本大震災が発生しました。地震発生の四分後には防衛省対策本部が設置されて、陸・海・空自衛隊の部隊に必要な処置が指示され、海上自衛隊は速やかに哨戒機、ヘリコプターを偵察に派出しました。

そして、地震発生の約一時間後の一五時五〇分までには海上自衛隊護衛艦基地の横須賀、呉、佐世保、舞鶴、大湊から計四二隻の護衛艦が被災地の救援に向け母港を出港しました。また、民間の造船所で修理中の艦船も修理を切り上げて出港準備が進められ、迅速に被災地に向けて出港して行きました。

平日の午後とはいえ、これだけの艦艇が約一時間で出港したのは驚異的です。諸外国の海軍も、想像を絶する能力であると評価していると聞いています。

二、三隻の護衛艦の通常の緊急出港でも、基準は二時間です。

一時間で四二隻もの護衛艦が緊急出港できた。ましてや大湊港は青森県むつ市にあって

地震の影響も大きく、家族のことも気になりながらの出港です。

この事実を見ても、防衛省の対策本部から護衛艦の小さな一パートまで、一つの目標に向かっていかに一糸乱れない行動を取ったかが想像できると思います。

これは海上自衛隊が、常に状況が変化する海上や海外において過酷な訓練を積み重ね、指揮官の指揮・統率力と隊員の使命感と実行力向上の教育を継続してきた結果であり、この上司について行きたいという、良き部下の気持ちを各レベルの隊員が持っていたからこそ実現できたものであり、海自のOBとして誇らしく思っています。


自衛隊というとトップダウンの命令によって動く組織、一つ一つ一命令しないと動かない「直角君」たちの組織というイメージが強いと思います。

指揮官が一つ一つ命令しなければ動かない組織であれば、四二隻の艦艇が約一時間で出港するのは不可能です。

まして毛布、医薬品、食料の救援物資を積んでの出港には数時間かかります。

ではどうしてほぼ全ての護衛艦が約一時間で出港できたのでしょうか?

それは、海上自衛隊の全隊員の、自ら行動を起こすリーダーシップの育成と良き部下になる教育や日常の指導の成果であると思います。

そして、この良き部下たちが行うControl by negation（拒否による統制）方式による業務遂行システムの成果です。

海自部隊のトップの指揮官から護衛艦艦長までの間に約四人の指揮官が存在します。大規模地震発生時、護衛艦艦長は上位の隊司令に「緊急出港に備えます」といって出港準備を整えます。そして艦長の意図は護衛艦の全乗員に瞬時に伝わり、乗員は自ら動いて作業を行います。

このように、上からの命令を予想して下位者が上位者に「こうします」と申請して実行する。

上位の指揮官は問題なければ「了解」とか「よろしい」で許可する。

問題がある場合は上位の指揮官が「待て」とか「このようにせよ」とオーバーライドします。

このコンセプトが自動的に発動されているから、このような驚異的な出港ができたのです。

また、このコンセプトを流れるように実行できるのは、各レベルの指揮官の見事な指揮・統率と兵員一人一人に至るまでの確固とした使命感、リーダーシップがあってなし遂げられた快挙であると思います。

そしてこのベースには〝この上司について行きたい〟という気持ちで自ら動く良き部下と良き上司が、各レベルで連綿として存在していた証左でもあります。

これこそが、組織が一糸乱れない行動ができる所以です。

海上自衛隊が長年にわたって培ってきたこのノウハウこそ、ビジネス環境が目まぐるしく変わり、状況の変化に速やかに対応しなければならない民間企業に反映すべきであると強く感じています。

海上自衛官の定年は階級によって異なりますが、五三歳から六〇歳です。現代社会においては定年退職があまりにも早すぎます。

海上自衛隊で長年にわたり良き上司、良き指揮官、良き部下を経験し、リーダーシップとチーム育成のノウハウ、特に日本人の特性を活かした強いチーム作りのノウハウが体に染み込んでいる若き海上自衛隊ＯＢの積極的な社会貢献を促すのも、本書のねらいの一つでもあります。

第一章　元海上自衛隊艦長の見た民間組織の不思議

第二章　真のリーダーシップとは何か

第三章　上司の究極の仕事とは

第四章　強い組織の作り方

第五章　部下の心を掴む方法

第六章　日本人の特性を生かす強い組織の作り方

〈初級士官心得〉

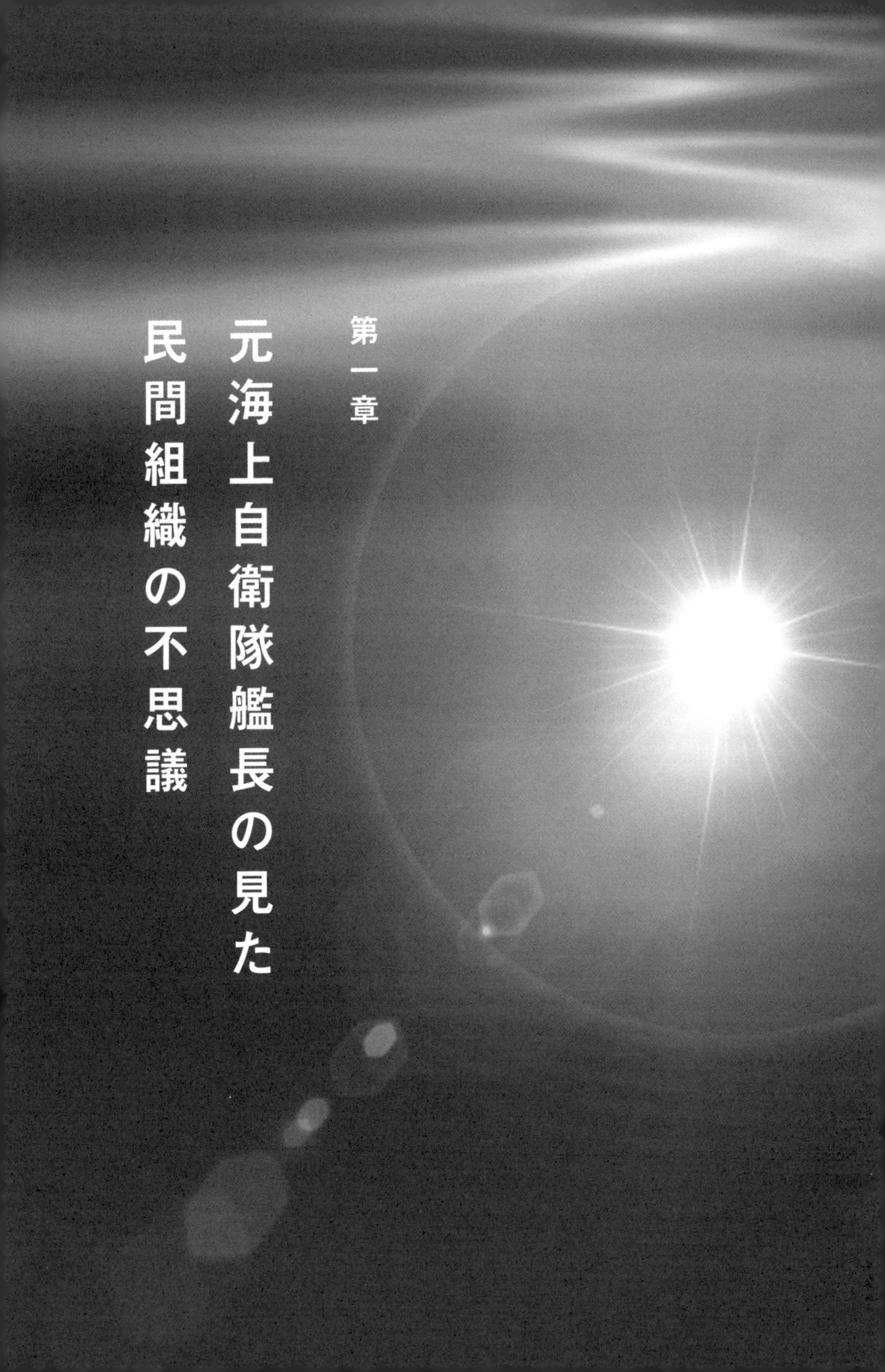

第一章
元海上自衛隊艦長の見た民間組織の不思議

日本人の最も得意な愛社精神と強いチームワークに基づく組織作りは？

私は防衛大から海上自衛隊に入隊し、約三四年間自衛隊で勤務しました。この間の自分の大きな命題の一つは部下統率と強い部隊作りでした。

定年退職後に民間企業（ＩＴ関連会社：ＪＡＳＤＡＱ上場）に再就職し、人財学校長、取締役等を経験し約七年経過しました。

この間、海上自衛隊で経験したリーダーシップの取り方、強いチームの作り方のノウハウを社員教育に適用した結果、興味深い成果を数多く得ました。

日本企業は日本人の最も得意とする愛社精神と強いチームワークに基づく強力な組織作りの着意と努力が不足しており、歯がゆい思いをしています。

日本的強力な組織力の発揮を阻害している問題は、日常の勤務の中に多々見受けられます。

本章では海上自衛幹部自衛官ＯＢから見た民間企業の日常の問題点をあげてみました。

指揮・命令系統が滅茶苦茶

民間企業に勤務して驚いたことの一つは、指揮・命令系統の乱れです。

企業の組織は元々軍隊の組織を参考として作られたもので、軍隊と同様にラインとスタッフで構成されています。

ラインとは社長―部長―課長―係長―係員の業務指揮命令系統です。このライン上にない顧問やコンサル的な社員はスタッフです。

指揮命令系統は組織編成のラインに沿ってなされます。ライン上にないスタッフは命令を出すことはできません。また部長が他部門の課長に命令を出すこともできません。

命令を出した人も命令を受けた人も、それぞれ監督と実施の責任が発生します。

民間企業においてはこの指揮・命令系統が乱れている傾向が多々見られます。

これでは命令を出した人、命令を受けた人の監督と責任が不明確となります。

また、ライン上にあっても社長が直接、一課員に業務命令を出すとか、部長が課長を飛び越えて一課員に業務の命令を出す。これは日常よく見られる光景です。

特に口頭命令で多く見られます。チョッとコピーをとってくれとか、この資料を破棄してくれといったものは問題ありませんが、直属の上司のジョブ（任務）管理に関わる仕事の場合はよろしくありません。

このような命令を「ジャンプ命令」といいます。

つまり直属の上司を飛び越えて課員に命令を出すからジャンプ命令です。

これは、緊急を要する事態においては当然必要となりますが、その場合も命令を出す社長や部長はその旨を飛び越した中間の上司に通知し、情報を共有する必要があります。そうしないとジャンプされた上司は責任を取りようがありません。

特に日常の急を要しない業務においては良くありません。

ジャンプされた上司は、心情的にも自分は何も言われていないから関係ないと思ってしまいます。まして日頃から部下の仕事にも責任を持ち、リーダーシップを発揮しているリーダーであればなおさらです。

指揮命令・報告系統がしっかりしている組織であれば、仮に緊急で社長から直接課員に作業命令があった場合でも、命令を受けた課員はジャンプされた上司にその旨を報告し、作業の実施の了解を取るようになります。

指揮命令系統と「報・連・相」は組織の基本です。

自衛隊においては当然のこととして、「命令」、「指示」、「情報の配布」は厳格に区分して隷下《れいか》部隊が錯誤しないように出されます。

適時適切かつ厳格な命令及び命令の遂行は、海象、気象はもとより、状況が千変万化する海上作戦においては最も重要です。

命令は誰から誰に宛てたものか、これは命令なのか指示なのか、あるいは調整なのか、はたまた情報の提供なのか、これらの区分を明確にして示す必要があります。

指揮・命令系統が厳格に維持していなければ、ジョブ（任務）の付与があやふやとなり、責任の所在も不明確となります。

ピラミッド型の組織であれ、昨今脚光を浴びているフラット型の組織であれ、指揮・命令・調整・情報の参考配布は明確に区分し、定着させないと組織のあらゆる資源を有効に集中した業務は実施できません。

指揮・命令系統がしっかりしているか、していないかは、社内メールを見れば一目瞭然に分かります。

あなたの会社では、社内のメールのTo、Cc、Bccを正しく使い分けていますか。業務報告、勤怠報告の宛先（To）を部門全員にしたり、命令・指示の内容を「……して下さい」と表現したりしていませんか。

社内メールは仲良しクラブやメル友との間で使うものではありません。社内メールは社員がそれぞれの立場で職務を円滑に遂行するためのツールであり、厳格に使用しなければなりません。

業務命令も報告も宛先（To）は命令や報告を受ける人であって、Toで受けた人はその内容について責任が起こります。

これは、いかなる会社や組織であっても同じであり、組織活動の基本中の基本です。またCcは、メールの内容を写し（Carbon Copy）として情報配布した方がいいと思われる人や部門を入れるものであり、Ccで受信した人は、メールの業務内容に関する実施の責任はないが、同じ会社の資源の一部としてその業務に寄与できる情報を提供すべき立場となります。

Bccはブラインド・カーボンコピー（Blind Carbon Copy）の略で、「Bcc」に入力されたメールアドレスはToやCcや他のBccの受信者には表示されません。受信者のメールアドレスが分からないようにして送りたい場合は「Bcc」を使用します。

このように受信者の区分等の使い方、受信者の責任等々、それらの重要さについて教え、けじめのある使い方を指導するだけでその組織は活性化し、緊急事態でも会社のあらゆる資源を全幅活用して対処できるようになります。

「お先に失礼します」と言って勝手に帰る不思議

また、指揮・命令系統が乱れている会社は、社員の終業時の「お先に失礼します」という挨拶にも表れます。

「お先に失礼します」と言って退社する姿は清々しく気持ちの良いものです。

しかし上司に対して「お先に失礼します」とだけ言って退社する社員を見ると理解に苦しみます。

対等な人間関係の中では礼儀にかなった挨拶ですが、上司の業務命令に基づいて仕事をしている社員が、上司の許可もなく仕事を終えて「お先に失礼します」と言って勝手に先に帰る光景は、当人及びその上司の意識を疑います。

外資系の企業で英語で言わなければならない場合、あなたなら「お先に失礼します」を英語で何と言いますか？

直訳して「I'll go back first !」と上司に言えますか？

そのように言ったら、上司から「明日から会社には来なくて結構です」と言われるのは間違いありません。

私は「I've finished my work for today. Is it OK for me to go back home now ?」と言うと思います。そして周りの同僚に対しては「I'll finish for today, See you tomorrow !」と言って退社すると思います。

「本日の仕事は終わりました。これにて退社してよろしいでしょうか？」という一日の仕事の終了報告、そして上司から「お先にどうぞ！」という退社の許可を得て「ありがとうございます。それでは、お先に失礼します」という一連の流れの中での挨拶として使わなければ一流の組織人としては失格です。

ある政治家が米国に外遊し、「One Please !」を連発されたという話を聞いたことがあります。その政治家は日本でもよく使っておられたらしく「ひとつよろしく！」のつもりだったらしいのです。

グローバル化は避けて通れない現代に国際的に通用する会社を目指すならば言葉、物事の本質、その場の状況を的確に判断できる能力と品格を身につける必要があります。そしてこれは単なる挨拶の問題ではなく、組織の指揮・命令、社員の仕事に関する責任にもかかわる重要な躾でもあります。

自分の仕事を守りたがる

会社の業務活動を見ていると、これはあの人に聞かないと分からないといった場面に遭遇します。これも不思議でなりません。

会社の組織の所掌業務外のことであれば許せますが、日常のルーティン業務でもよく見かけます。

これは会社の組織力を向上させる観点からも問題です。

自分にしかできないという状態は、自分の会社における存在意義と周囲に尊敬されるとでも思っているのでしょうか?

組織力の全幅発揮という観点からも問題です。

そのような場面で私はよく問いかけます。

あなたが急に交通事故に遭ったり、病気になって会社を休まなければならなくなったら、会社は困るのではないですか？　誰が見ても分かるマニュアルや手順書として作成しオープンしたらどうですか？　と。

このように話すと、必ず返ってくる言葉があります。

自分は病気はしないとか、内容が複雑なので文章化できないという言い訳です。このような社員は自分の業務を誰かに取られるとか、自分の仕事がなくなると恐れている人です。

このような社員に成長はありません。自分のために仕事をしているに過ぎません。現在の仕事を卒業して更に上の仕事を目指す社員を育てなければその組織の成長はありません。

すぐ人材を増やすことは仕事を分散しているだけ

業務量が多いから人を採用してくれとか、アルバイトを入れて欲しいという要望をよく聞きます。

このような場合、単に自分の業務を分散して欲しいとか、自分の業務量を減らしてほしいという極めて消極的な状況であることがよくあります。

こんな時こそ係長、主任等のグループ長の出番ではありませんか?

グループ長はグループ内の業務量、グループ内の業務の優先順位を決め、グループ内の人、物、予算の全ての資源を有効に使用して業務の効率的実施に努めなければなりません。

毎朝の朝礼のあと、短時間でも良いからグループ内のミーティングを開き、グループの業務の優先順位の指示、グループ員の力の集中等を決定し、余裕のある社員がいれば支援をさせる等の指示をしてグループの業務が円滑に実施できるようにしなければなりません。

これは総務課の仕事、これは経理課の仕事と、組織が大きくなればなるほど組織はセクショナリズムに陥る傾向があります。

これはどこの仕事と考えるのではなく、全ての各部署の仕事は会社が目標を達成するための仕事と考えれば解決することです。

小さな会社であれば一人で総務から経理の仕事もやらなければなりません。

社員が自分に与えられた仕事を行いつつ、グループ内の多忙な業務を持つ社員を手伝うような集まりが強い会社組織を作る上での基本です。

この形が出来るとお互いの仕事に対する尊敬、感謝の念も起き、グループのまとまり、力も強大になります。

入社同期をライバルとして競争させる民間と、団結を図る海自

民間会社では、大企業は別として一般的に同期入社社員を競争相手としてライバル意識を助長させ競争させる傾向が強いと思います。

そして優秀な人材を確保するため、所要の新入社員数に競争による脱落者を見込んで大目に採用する企業もあるようです。

ある会社では一年で約半数の新入社員が退職するため、毎年、落伍者、退職者を見込んで一〇〇人の新入社員を採用し競争させていたようです。

これでは同期入社の社員の団結は図れません。

同期社員が団結し仲間意識が強いと一年後、二年後各部署に分かれた場合、その同期社員の絆を核として会社全体のコミュニケーションが格段に向上します。

海上自衛隊ではもちろん、入隊同期の仲間意識はとても強く、幹部や兵員という入隊の種別にかかわらず入隊別に同期が団結します。同期は同志としての仲間であり、切磋琢磨し合うライバルでもあります。

そして同期の団結は家族にまで及びます。八〇歳にもなろうとされる大先輩のクラスにおいても、未だに同期の絆は強く、同期またはその家族に不幸があった場合は、全て同期が手助けをする。

初任幹部（三等海尉）時代にお世話になった大先輩の葬儀に参列して驚くのは、八〇歳の大先輩方が総出で受付、案内から葬儀委員長まで手際よく運営されます。

これほど海上自衛隊の同期の絆は強く、家族の面倒を見たり、支援するのも日本海軍の伝統です。

同期を大事にする仲間意識、そしてお互い成長のための良きライバルとする競争意識、これらの精神が海上自衛隊で最強のチームができる源です。

社員の立場の区別、差別が組織力向上のさまたげになる

民間企業における正社員とアルバイト、契約社員の区別、差別は大きく、任せる仕事についても大きな開きがあるように思います。

家庭の事情等、個人的事由により勤務時間に制限を設けざるを得ない人はアルバイトや契約社員の道を選ばざるを得ません。非正規社員というだけで最初から職務内容が差別されたり、小間使いをさせられたりすることは問題です。

当然、会社の業績向上に貢献しようというモチベーションが上がるはずもなく、また本人の自己啓発や向上心も望めません。

また、正規社員対非正規社員という心情的な対立構図さえもできてしまう。

これは会社の組織力を向上させる上で大きな弊害です。

海上自衛隊護衛艦の人員構成は幹部自衛官（民間の総合職）、海曹である下士官（民間の専門職）及び兵員である海士（民間のアルバイトや派遣社員）からなっており、民間の

構成要素とほぼ同じです。

特に海士は約三年の期間限定採用であり、その後は二年の再雇用という形になります。そしてこの間に昇任試験を受け合格しないと三等海曹になれず退職しなければならなくなります。

更に厳しいことに、この昇任試験は狭き門であり、彼らは勤務のかたわら昇任試験のための様々な勉強をします。

このような厳しい条件の海士を含めた護衛艦のチームは、階級や立場に関係なく上下の信頼関係が非常に強く、部下教育にも熱心です。またそれぞれの役割を絶妙に発揮して真に強いチームを作っています。

災害派遣等においては、高校を卒業して一年も経たない若い海士（任期制隊員）たちが大変な力を発揮するのは昨今の報道等でも見られる通りです。

トップが一番先に出勤する民間、最後に出勤する海自

民間企業に再就職した初日のことです。会社の始業は九時で、八時四五分から朝礼があ

り、その朝礼で私の入社を紹介するので八時三〇分頃までには出社して下さいと言われていました。

初めての出社であり遅刻は絶対に許されないと、長年の習性から約一時間余裕をもって七時半前に会社に着きました。

会社には電気がついており、掃除のおばさんだけがおられました。

おばさんに元気よく挨拶したら気分爽快となり、私が最初に出勤したことから社員の出社状況をつぶさに観察できると心の中では喜んでいました。

ところが最初の出勤者は社長でした。

そして大部屋の全体を見渡せる社長席にどーんと座られた。

そうです。入社初日に最初に驚いたのは「社長が一番先に出社された」ことでした。

社長は会社の経営や社員家族の保護を二四時間考えておられるが故に、出勤も最初、退社も最後の心境はよく理解できます。

しかし、このような状況では、自ら考えて仕事をする社員、自ら率先垂範して動く社員は育ちにくい。社員は社長だけに目が向き、係長や課長よりも社長の顔色、発言に気が向くようになるのではないかと心配しました。

結果としてその傾向は出ていました。

社員は勤務外の自宅であろうが、子どもと遊んでいようが、仕事のことを意識している、いないに関わらず、仕事のことは心の深層に残っています。

そして朝出勤のために家を出た瞬間に仕事に関する現実の懸念が表面に出て、昨日の業績と本日の業務、チームの業務や仕事遂行上の問題等を思案し、整理しているはずです。

そこで出勤したとき社長がおられたら、どうしても受け身、指示待ちの心になってしまう。まして上司の管理職が出勤していない状況であれば尚更です。

社長が毎日一番最初に出勤されたら、どうしても意識が社長に集中して、自ら考え、自ら行動する社員は育たないし、係、課、部の階層的な組織を活性化させる仕組みを壊してしまうのは明らかです。

係員→係長→課長→部長という、会社の目標に向かって一丸となって力を集中できる組織は、上からの業務命令と下からの報告が適時適切かつ確実になされる組織であることが基本です。

海上自衛隊護衛艦については、艦長は最後に出勤します。

民間にたとえれば係長、課長、部長、社長の順に出勤し、上司が出勤したら現在までの状況と本日の予定と方針を報告し、上司から作業の優先順位、重視事項等の指示を得ます。そして艦長の出勤後、幹部と主要な下士官が全員集まり朝のミーティングを行います。ミーティングは気象・海象のブリーフィングから始まり各部門の予定と懸案事項等の報告がなされ、最後に艦長による本日及び当面の業務遂行の方針等の示達で終了します。

これにより艦全体のチームが艦長の方針のもとにベクトルを集中させることとなります。

中途退職者に冷たい管理職の姿勢

民間企業では新入社員に対しては教育も含め盛大な入社歓迎会が催されますが、中途退職者に対しては余りにも冷たい対応です。

今まで会社の創業の理念に賛同し共に頑張った仲間ではないですか！　中途にして退職は残念だけれど、今まで共に頑張った仲間の今後の成功を祈って壮行できないのでしょうか？

まさに去る者は追わずといった冷たい対応です。

これは管理職である幹部社員の心の持ち方であると思います。

退職者にわざわざ時間を割いて送別会、壮行会を行うのは時間と労力の無駄と思っていませんか？

残って一緒に頑張る社員のためにも、退職していく社員の本音を聞き、彼の前途を激励するためにも必要ではないでしょうか？


海自護衛艦では幹部の場合は士官室と幹部の所属する部門で、下士官及び兵員の場合は所属する部門またはグループで関係下士官、幹部を招待して盛大に行います。

そして会の上位者は、今まで自衛隊で頑張ってきた経験を基に新しい道でも頑張って成功して欲しい、近くに来る機会があったら皆に顔を見せて欲しい、……といったエールを必ず送ります。

民間でいうとアルバイト社員といった任期制隊員の退職、転職に際しても当然その部門、グループで暖かく行います。

このような一人一人を大事にする職場環境が全員のやる気を促し、強いチームができる源です。

部下教育が人間力向上ではなく業務達成の指導になっている

民間企業における新入社員教育、管理職講習等の教育体系は概ねできていますが、部下指導についてはその姿勢と指導の考え方に問題を感じています。

管理職や主任の部下指導を見ていると、部門やグループの業務を達成するための指導が大半で、部下の思考法やものの考え方、業務を遂行する上でのポイント等、部下のスキルや人間力を向上させるための親身で厳しい指導はあまり見かけません。

真剣にやれとか、気合を入れてやれといった精神論の指導に終わっているのが大半です。

このような状況では部下は育ちません。

海上自衛隊においては、部下の能力は全体の作戦の成否に直結するものであり、スキルの向上には当然厳しい指導を行います。

また同時に、志を同じくする者として上下の信頼関係も強く、兄弟、家族と同じような人間関係であり、厳しい指導の中に暖かい思いやりがあります。

海上自衛隊に限らず、民間会社も職業の選択は自由であり、同じ志を持った人間が集まっている組織です。

厳しい指導の中にも暖かい思いやりがある指導、これこそが人が育つ指導です。

そもそも部下はあなたの業績を上げるためのツールではありません。社会から預かっている大事な人財です。上司には部下を立派に育て上げ社会に返す責任があると思います。

部門内、グループ内の宴会がほとんどない

最近は部門、グループ内で宴会をして盛り上がっている場面はほとんど見ません。

気の合った排他的な仲良しメンバーで、愚痴を言い合う飲み会はよく見かけます。

上司が宴会を提案すると、残業手当がつくのか、会費は会社がだすのかなどと聞かれて困るという話もよく聞きます。

宴会の提案に対して若い社員からネガティブな反応があるのは、決して残業手当や会費の問題ではないと思います。

宴会の意味がない、時間の無駄だと思っているからではないでしょうか？　宴会で上司

が威張ったり、仕事の話をグタグタ言ったり、特定の部下をやり玉にあげたりして雰囲気の悪い宴会となっているのではありませんか。

要は上司のリーダーシップとチーム作りに問題があるから、宴会に対して反発があるのではと思います。

宴会は日頃なかなか聞けない上司や同僚のものの考え方や日頃気づかない素晴らしい面を発見し、上下、同僚間の信頼関係が一気に向上する最高のコミュニケーションの場としなければ意味がありません。

海上自衛隊の護衛艦ではとにかく宴会が多い。

そして宴会は盛り上がり、最後にはスクラムを組んで一致団結頑張るぞといった具合です。宴会の度にそのグループの連携、意思疎通が良くなっていくのが目に見えます。そして宴会の会費や内容についても工夫すれば素晴らしい宴会＝飲みニュケーションになり、チーム力も向上するのは間違いありません。

特に日本人にとっては、上下左右の理解の促進と団結力の向上に宴会ほど有益なものはありません。

第二章

真のリーダーシップとは何か

目標に向かって教育し導くリーダーと、命令権を持って目標に向かって行動させるリーダー

リーダーシップとは何でしょう?

英語では Leadership といい、英和辞書を引くと、指導力・統率力と説明してあります。

この言葉が最も分かりやすい気がします。

そうすると、リーダー（Leader）は指導者、統率者となります。

指導者、統率者というと教育的、指導的ニュアンスを強く感じます。

私が海自現役時代に追求していたリーダーシップは、このような教育的、指導的なリーダーシップではなく、部下をためらわずに行動させることと、その結果に全責任と権限を持った指揮官・コマンダー（Commander）としてのリーダーシップです。

それでは、指導者・リーダーと指揮官・コマンダーの違いは何でしょう?

指導者・リーダーはチーム員を教育し、或いは感化し、目標に向かって導く人であり、

指揮官・コマンダーはチーム員に対する命令権を持ち、目標に向かって行動させる人であ

り、いわば行動に対する強制力を持った人であるとも言えます。

軍隊であればそれは当然のことですが、ただ命令を出せば良いというものではありません。

軍隊の組織やチームが真に強力な力を発揮するのは、チーム員が指揮官を尊敬し、この人について行きたい。この人について行き、そのためにたとえ死んだとしても後悔はない、と思える場合であると自分の経験から確信しています。

このような関係ができると、部下は指揮官の目標達成のための自分のやるべき仕事を見つけ大きな力を発揮します。


かっての日本企業のトップや管理職は、比率の個人差はあってもこの指導者・リーダーと指揮官・コマンダーの両資質を兼ね備えておられたのではないでしょうか？

最近の日本企業のトップや管理職は、この指導者・リーダーの要素が強くなり過ぎて、指揮官・コマンダーの要素がほとんどなくなってきつつあると思っているのは私だけでしょうか？

指揮官の要素を併せ持つ強いリーダーが求められる現在

　そもそもリーダーシップという概念はいつ頃でてきたのでしょうか。

　私は昭和四五年に防衛大学校に入校してから平成一八年に海上自衛隊を退官するまで、部下統率については過去の戦史、海外の資料等で勉強しましたが、リーダーシップという言葉が出てきたのは戦後で、米軍の軍事用語でした。

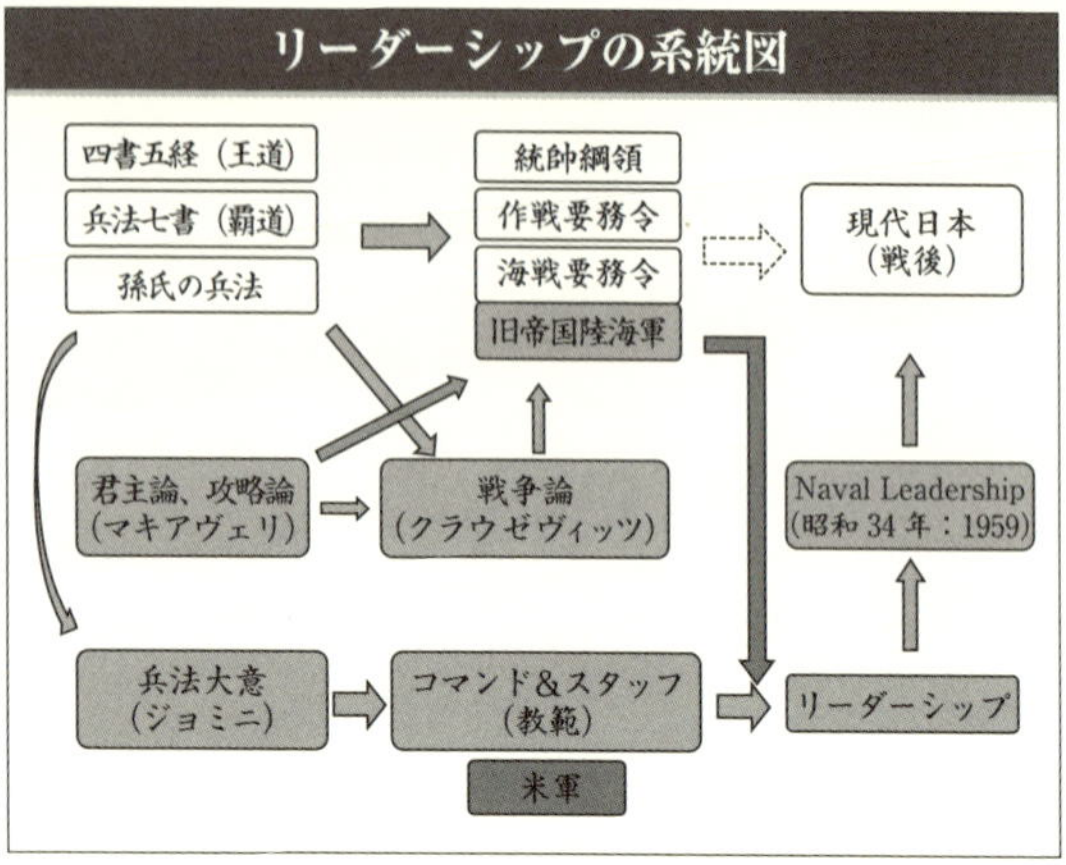

　上の図は私が指揮幕僚過程入校中の昭和六二年に整理したリーダーシップという言葉の誕生に至る系統図です。当時米海軍から少佐が留学しており、米海軍関連の調査をお願いして整理したものです。

戦前の日本陸軍、日本海軍は現在のリーダーシップに代わる言葉としては統帥《とうすい》、統率《とうそつ》等を使用しています。そしてこれらの理念はクラウゼビッツの戦争論、孫子の兵法、四書五経、兵法七書から来ていると言われています。米軍のリーダーシップはマキアヴェリ、クラウゼビッツ、ジョミニの理論に日本の統帥綱領の考え方を入れて誕生したようです。

このように統帥とかリーダーシップという言葉は、もともと軍隊用語です。

従ってこのリーダーシップという概念には前述の指導者（Leader）という要素と指揮官（Commander）という要素の両面を含んでいます。

指揮官という言葉が、余りにも軍隊的であるためか、日本社会におけるリーダーシップは、部下チームに対する奉仕の精神をベースにしたサーバントリーダーシップ（リーダーがサーバント〈奉仕者〉となり部下が働きやすいように奉仕してあげる。そして部下のリーダーシップも発揮させ、必要ならリーダーが引っぱっていくという考え方）とか、権限の委任をベースにしたエンパワーメントリーダーシップ（部下に力を与える。つまり権限を委譲して組織全体の力を出そうという考え方）といった概念にとらわれがちになっている感がします。

反面、昨今は強いリーダーの育成に関する書籍が氾濫しています。

これは指揮官の要素を併せ持つ強いリーダーが求められていることの裏返しのように思われます。

少なくとも戦後復興期や高度成長期の企業におけるリーダーシップには指揮官（Commander）という要素が強かったと思っています。

リーダーシップとは部下やチーム員による信頼と尊敬を得て協力、服従させること

戦前の日本陸軍、海軍の士官、将校の統帥、統率に関する資料は、統帥綱領、陸海軍の作戦要務令に求めなければなりません。

米海軍のリーダーシップに関しては、昭和三四年（一九五九年）に出版されたNaval Leadership（United States Naval Institute）が参考となります。これは昭和五六年に「リーダーシップ［アメリカ海軍士官候補生読本］」として訳本が日本で出版されています。

リーダーの資格

旧日本軍	米軍
①堅確強烈な意志と実行力	①自信
②至誠高邁な品性	②知識
③全責任を担当する勇気	③熱意
④大胆、先見洞察の機眼	④力強くかつ明確に表現する能力
⑤他より優越との自信	⑤無能な不適任者を師にかける道義的勇気
⑥非凡な戦略的識見	⑥大義のために何かをしようとする意思
成徳（威厳と人徳）	実務的

日本の統帥綱領と米海軍の士官候補生読本を比較してみると、将軍と士官候補生という対象ではありますが、それぞれ上のとおり特徴が表れています。

統帥綱領によると、将帥に必要な資質を次のように示しています。

「将帥の具備すべき資性《しせい》としては、堅確《けんかく》強烈なる意志及びその実行力を第一とし、至誠高邁《しせいこうまい》なる品性、全責任を担当する勇気、熟慮ある大胆、先見洞察《どうさつ》の機眼《きがん》、人を見る明識《めいしき》、他人より優越しありとの自信、非凡《ひぼん》なる戦略的識見《しきけん》、卓越《たくえつ》せる想像力、適切なる総合力を必要とする」

「将帥は事務の圏外に立ち、超然《ちょうぜん》として、つねに大勢の推移を達観し、心を策按《さくあん》ならびに大局の指導に専らにして適切なる決心をなさざるべからず。これがため将帥には、責任を恐れざる勇気と、幕僚《ばくりょう》を信任する度胸とを必要とす。幕僚とくに参謀長を信頼せず、しかもこれを更迭する英断《えいだん》なき将帥は失敗す」
「将帥の真価は実に難局に際して発揮せられる」

『統帥綱領入門』
大橋武夫／ＰＨＰ文庫

また、昭和三四年に発刊された「米海軍士官候補生読本」によると、リーダーシップは「一人の人間がほかの人間の心からの服従、信頼、尊敬、忠実な協力を得るようなやり方で、人間の思考、計画、行為を指揮でき、かつそのような特権を持てるようになる技術、科学、ないし天分」と定義されています。

さらに、リーダーには当然フォロワーが存在することから、リーダーとして十分な成果を上げるには、まず第一に、良き「フォロワーシップ」の原理を習得しなければならないとし、フォロワーシップとして習得すべき態度は、簡単には「服従、信頼、尊敬、忠実な協力」の四つであるとしています。

いずれにしてもリーダーシップとは、フォロワーである部下やチーム員による信頼と尊敬を得て協力、服従させることであり、いかに信頼と尊敬を勝ち取るかということがキーワードになります。

自衛隊でのリーダーシップ

私は防衛大学校、江田島の幹部候補生学校を卒業し、昭和五〇年に海上自衛隊に入隊し、艦艇要員となり護衛艦の甲板士官として海上勤務を始めました。

同期生のほとんどがそうであったように、私の海上自衛隊での目標も護衛艦艦長になることでした。

特に部下を一人も失わず、いかなる任務をも完遂できる強い艦長になり、そして強い部隊を創ることが目標でした。

海上自衛隊勤務約三四年間における私の部下統率のチャレンジにおける失敗、成功の経験から、私が追求したリーダーシップの形態は大きく分けて三段階からなります。

時代に応じた多様な価値観の集まり

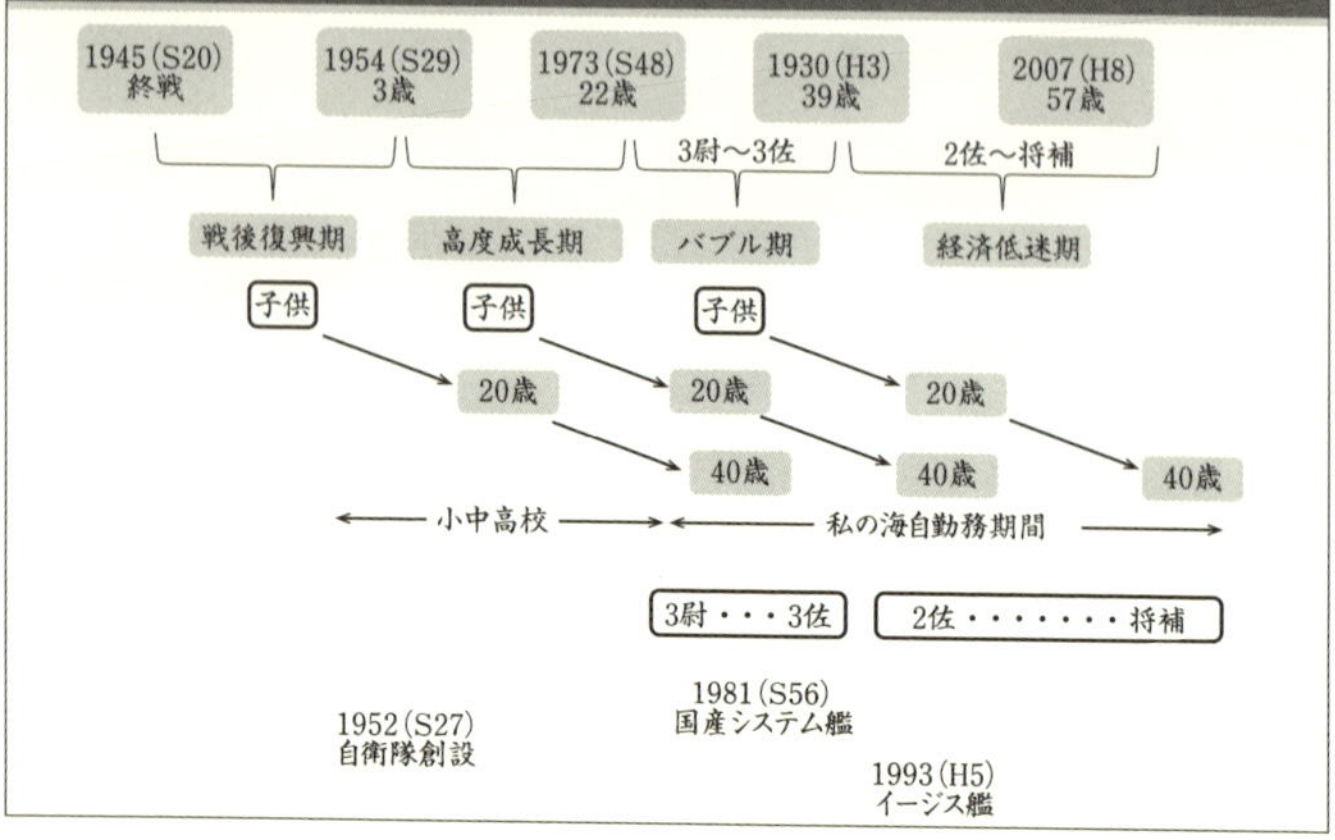

その段階とは、

①初級幹部時代（二〇歳代：係長レベルまでの配置）

②中級幹部時代（三〇歳から四〇歳前半：課長レベル）

③上級幹部時代（四〇歳代中盤から五〇歳代：部長、役員から社長レベル）です。

いずれの段階でも対象者である部下は新入隊員（社員）、一般隊員（社員）、下士官（専門職社員）、幹部社員（役職者）まであります。

各段階の相違は、リーダーシップの取り方です。

この三段階によるリーダーシップの形は、部下にこの人について行こう、この人について行きたいと思わせるためのものでありました。

私のリーダーシップの変遷

艦長になることのみが目標：　艦長像は木鶏の如き指揮官

若年幹部時代：昭和50年～55年頃　・・　部下は10人から50人
(22歳～35歳：係長クラス)　覚悟と力を見せつけ服従させ、
部下の仕事レベルに入り込む
結果的に体現したリーダー像：親分・番長型

中堅幹部時代：昭和55年～60年頃・・部下は50人～150人
(27歳～35歳：課長クラス)　専門職種でスキル面で認められ、
部下・チームを指導し能力を向上させられる
結果的に体現したリーダー像：率先垂範仕事に取組む幹部

指揮幕僚過程修了時（35歳頃）：
ある程度の自分の考えを確立していた。　←　当時の論文から

このリーダーシップの形態及び取組みそのものがその人の勤務姿勢であり、その勤務姿勢がそのまま、個人の人格や品性として具現化されるものと思います。

この三段階のリーダーシップの形態を別な言い方で表現すると、

①段階は、Young Power の Leadership です。

若さのパワーで現場やチームに飛び込みチームの一員になり切って、その中でチーム員の心情を知って発揮するリーダーシップです。

②段階は、四〇歳前後で仕事のスキルもついて、自信をもって自分のパートや部門を引っ張っていけるリーダーシップであり、まさに Pro-active な Leadership です。

③段階は四〇歳代中盤以降の艦長、経営者・役

員レベルで自分の判断、決断によって部下や組織の命運を左右するような配置でのリーダーシップであり、これこそリーダーシップの最終段階の艦長や経営者・役員レベルの指揮官としてCommanding（指揮・統率）できるLeadershipです。

それでは各段階のリーダーシップについて、私が仕えた上司や指揮官、そして私自身のチャレンジによる失敗、成功の経験則からどのようなリーダーに部下は惹かれてついていくのか、或いはどのようなリーダーのもとで部下は団結してチーム力を最大限に発揮するのかについて整理してみます。

第一段階――部下と共にチームの一員となり切って共に苦労する毎日

まず、第一段階の初級幹部時代（主任、係長クラス）の頃です。

部下は一〇人から五〇人程度の段階で、民間企業でいうと総合職で入社した新入社員から係長レベルまでです。

この段階でのリーダーシップは、若さのパワーを武器にして、常に現場にあって部下と共に完全にチームの一員になり切って共に苦労する毎日の中で模索し続けたリーダーシップでした。

これは若くて初心や好奇心が強いから出来ることです。若者らしく元気溌剌と行動する。どのような仕事にも全力でぶつかってチャレンジする。

このような人にチーム員は一体感を感じて仲間と認識します。そうすると現場も分かる。人間関係もできる。仲間内という人間関係が出来ると様々な情報が集まってきます。そして共に苦労する部下一人一人の抜き出た能力や思いがけない才能も見えてきます。

また、職場全体の、或いはチーム内の問題点やその原因も見えてきます。

更に、職場やチーム内の問題をどのようにすれば解決できるのか、誰に動いてもらえばそれが解決できるのか、どのような人の能力を活用すれば目標を達成できるのか、様々な人の意見を聞くこともでき、また協力を引き出すこともできます。

そして持ち前の若さとチャレンジ精神で、問題解決や仕事の目標達成に向けて自然と旗を振って走れるようになります。

ただし、仕事に対して誇りと自信を持っている下士官（専門職）、いわゆる年長者や海千山千の職人気質の下士官（専門職）の心を若い初級幹部（総合職）が掴むのは容易ではありません。

彼らは仕事ができる、できないが相手を評価する判断基準になるからです。その専門分野で対抗しても彼らはついてくることはありません。この様な場合は若者らしく真摯でエネルギッシュな姿勢で教えを乞うことです。教えを乞う気持ちで接すれば間違いなく彼らの経験やスキル、そして彼らの誇りに感服するはずです。

彼らに感服してその道のプロという敬意の念が生じた時点で、信頼し、協力の気持ちが生じます。

こいつは若いのに俺たちの気持ちを分かろうとしている。若いのに見どころのある奴だと思うのは当然です。

とにかく現場にいて現場を知る。作業の内容を知る。

調整等の機会があったり、同期の友人がいるような場合は他部門にも積極的に足を運び他部門の現場の雰囲気にも触れる。特に若い人の悩みや不満を知る。チーム員個々の能力を知る。

時には何も知らない若造がと反発されたり、批判されたりすることもあります。かみ合わない議論から取っ組み合いになることもあります。大酒を飲んだり、家に呼んだり、部下の家に呼ばれたり、あらゆることが全てチャレンジです。

若いから出来ることです。

若い時代のリーダーシップはこのようにとにかく現場で共に汗を流して感じるものです。仮に係長で自分のデスクや空間を持っていたとしても、常に現場にあり、現場を仕事場と思う必要があります。

私の初級幹部時代のリーダーシップはこの様な現場で共に汗を流し、一体感や義理と人情といった「斬った張った」の世界でのリーダーシップでもあったと思います。

このようなチャレンジにより部下を理解し、部下への思いやりや仕事に関しては年長者の部下に対しても厳しい対応ができるようになります。

そうすると年長者の部下たちは共に旗を振る形で盛り上げてくれます。

昨今脚光浴びているサーバントリーダーシップは文字通り奉仕のリーダーシップで、部下が如何に働きやすくするか、或いは能力を向上させるかリーダーが奉仕するという考え方ですが、このような手法は特に若い時代に部下の中に飛び込んで共に汗を流し、個々人の能力や性格を理解し、相手を認める一連の経験をしなければ真に身につかないと思います。

夫婦間でも必要なサーバントリーダーシップの資質？

最近はセルフサービスのガソリンスタンドが多くなりました。

私もよく使います。

夫婦か若いカップルの車で、次のような光景によく遭遇します。

大体は、男性が運転しています。

夫婦連れであれば、助手席の奥様が今回はこれだけと財布からお金を出して運転席のご主人に渡します。ご主人はお金を受け取り、セルフサービスの手続きをとってガソリンを給油します。

給油終了後、ご主人は釣り銭やレシートを奥様に渡して出発していきます。

まさに典型的な日本型夫婦で微笑ましいですね。

私は横浜市在住ですが、横浜でも二、三年に一度は大雪が降ります。大雪が降った横浜市の国道でこの様な光景を目にしました。路肩に車を停めてご主人は必死にチェーンを装着していました。慣れない作業で手こずっておられる様子でした。

車内の暖房を維持するためか、排気ガスの状況からエンジンは回っていました。車内の奥様は助手席で待機しておられました。

この二つの事例は、良く見かける光景です。

ガソリンスタンドの状況では、たまに、ほんのたまにですが、助手席の女性も外に出て給油口のキャップを開けたり、セルフサービスの手続きを手伝ったり、雑巾で車の窓ガラスを拭いたりされる光景を見ます。

男性がセルフスタンドで給油する時に共に外に出て手伝う。

男性が雪道の路肩に車を停めてチェーンを装着している場合、共に外に出て手伝う。

雪や雨が降っていたら傘をかざしてあげる。


このような人は素晴らしい女性です。

この場合の女性をリーダー、男性を部下と入れ替えてみたら、リーダーであるあなたはどうしますか？

部下は当然、上司に対しては「すぐに終わりますから車内でお待ちください」といいます。車内で何もしないで待つ、このようなリーダーにはサーバントリーダーシップはありません。部下が作業をしやすいようにとか、感謝の気持ちがあれば、自然と何かしら手伝います。

この心がサーバントリーダーシップに通じる源だと思います。

第二段階――中堅幹部のリーダーシップは仕事に対する姿勢

二七歳の一尉（大尉）の後半から四〇歳の二佐（中佐）のはじめ頃です。

部下は五〇人から一五〇人程度、民間企業でいえば課長から部長になりたての頃です。若い時代にチャレンジして身に付けたリーダーシップ、つまり現場に飛び込んで共に苦労してチームをまとめ、チームの力を引き出すリーダーシップだけでは、この中堅幹部の立場では部下はついてきません。

この段階ではまさに Pro-active な Leadership が要求されます。

中堅幹部である課長レベルのリーダーシップは、一にも二にも仕事に対する姿勢です。とにかく仕事のできる人、仕事に生き甲斐を持って真剣に取り組んでいる人、このような人が仕事面で尊敬される上司です。

仕事面で尊敬される上司とは具体的に言うとどんな上司でしょうか？

私の仕えた上司及び自分自身の経験から次の三つの要素に集約できます。

まず第一は、「仕事ができる人」、「仕事に真剣に取り組んでいる人」です。仕事ができて業績がある人は誰もが憧れる存在です。

しかし仕事ができても自分の出世や利益欲を少しでも表面に出す人には部下は心底からはついていきません。このような上司には自分の利益を考える人しかついていきません。

課長レベルで仕事のできる人とは、自分の力だけでなく、チーム全員を動かして目標を達成し業績を上げている人です。

このような上司は、成果・業績を自分の力だけではなくチームの力と認識しており、故にチーム員も一〇〇％以上の力を出し爆発的なチーム力を発揮します。

チーム員の献身的な働きは想像以上の成果を生み出します。そうすると上司はチーム員に対する強い敬意と感謝の念が起こります。

このような上下関係になるとチーム力は盤石です。

他方、上司はこのように「仕事のできる人」ばかりではありません。上司は卓越した技能を有し、人が羨む仕事のできる人のみではありません。

人が怒涛の勢いでついて行くリーダー

私の経験から、あまり仕事上での業績は良くないのに多くの部下がついていく人がいます。

このような人に共通していたのは、「仕事に真剣に取り組んでいる人」です。

仕事に真剣に取り組んでいる人とは、自分の職業に生甲斐を持ち、自分の仕事にやりがいを持ち、全身全霊を打ち込んで仕事をしている人です。

このような人は、どちらかというと自分や部門の成果を上げるということより、会社の目標達成ということに力点を置いている人が多いです。

つまり、自分の上司のその上の上司や会社の目標を考えて取り組んでいる人です。従ってこのような人は、上司の個人的な我儘等に対しても考えが決してブレません。また部下に対しても自分の考えがブレない人です。

このような人にも多くの部下がついて行きます。

部下に好かれる前向きでプラス思考のポジティブな人

二番目の要素は、「好かれる人間性」を持っている人です。

仕事の能力に関係なく好かれる人です。

どのような人が好かれると思いますか？

部門内やチーム内の雰囲気を楽しくさせる人、優しい人、エコひいきのない人、楽しい人、面白い人、等々ポジティブな人間性が浮かんできます。

暗い人間やネガティブな上司は好かれません。やはり、好かれるのは前向きでプラス思考のポジティブな人です。

このような人に共通するのは、自分をカッコ良く見せたり、偉く見せたり、大物に見せたりする外連《けれん》がなく、自分をありのままに曝け出すということです。

自分の弱点を特別に隠さず、特別に曝け出さず、自然と自分の弱点が見える人、このような人が未来志向で飾り気のない「好かれる人間性」です。

部下のやる気スイッチが入るのは「自分が認められた時」

第三番目の要素は、「部下を認める人」つまり、部下の人格と仕事を認めてくれる上司です。

部下のモチベーション（やる気）はその人の意識の問題です。

周りがいくら背中を叩いても、いくら背中を押しても、当の本人が自分のやる気スイッチを入れない限り人間のモチベーションは上がりません。

人のやる気スイッチが入るのはどんな時でしょうか？
やる気スイッチは悲しい時や面白くない時には決して入りません。
やる気スイッチが入るのは、
嬉しい時
楽しい時
ワクワクするような幸せを感じる時ではありませんか？
恋人とデートをする時、家族でディズニーランドに行く時、田舎に帰省する時などは嬉しくて、ワクワクして、テンションが上がります。まさにやる気スイッチが入っている状態です。
それでは仕事で、上司のどのような言動で部下のやる気スイッチは入るのでしょうか？
上司が仕事のことで怒っている時
上司がダラダラと説教している時
上司が特定の人だけを褒めている時
このような時にはやる気スイッチは決して入らず、逆にスイッチは心の奥底に隠されてしまいます。

人のやる気スイッチがバチーンと確実に入るのは、その人が認められた時です。人は自分を認めてくれた人について行きます。

会社の目標を達成するために部門の目的と任務があり、その部門の目標を達成するために自分の目的と任務がある。

自分の仕事が全体の目標を達成するために必要なものであるという認識と自覚、つまり自分の使命の自覚ができて初めて人は力を発揮します。

そしてこの使命の自覚は上司がその人の存在意義と価値を認めてくれて初めて生じます。

第三段階――艦長、経営者レベルに必要な五つの人間力

四〇歳の二佐（中佐）から五六歳の一佐（大佐）、将補（少将）の頃です。

部下は一五〇人から一〇〇〇人程度、民間企業でいえば役員、経営者レベルです。

この段階でのリーダーシップは、まさに統帥綱領に示されている「堅確強烈なる意志及びその実行力を第一とし、至誠高邁なる品性、全責任を担当する勇気、熟慮ある大胆、先見洞察の機眼、人を見る明識、他人より優越しありとの自信、非凡なる戦略的識見、卓越

せる想像力、適切なる総合力」の実現です。

しかしながらこれらの資質は余りにも高遠な目標であり、凡人には到底到達できそうにありません。

若い時代に学んだ現場に飛び込んで共に苦労してチームをまとめ、チームの力を引き出すリーダーシップ、そして中堅時代に身に着けたPro-activeなリーダーシップ、これらの資質に立脚した指揮官、経営者としてのCommanding Leadrshipが必要となります。

艦長、経営者レベルのCommanding Leadershipには次の五つの人間力が必要となります。

①勝つ力……………使命感とスキル

指揮官、経営者は勝たなければその存在意義はありません。

勝つためには、単なる願望ではなく絶対に達成するという確固とした強い意志とそれを達成するためのスキルが必要となります。

絶対に達成するという強い意志は使命感から起こります。確固とした使命感がなければ組織をまとめて目標達成に邁進させることはできません。

使命の分析

使命の分析：　業務を行うに際して最初に行うべき事項

『自分（白部分）は、・・・・・のために・・・・・をする。』

目的、目標、自分の行うべき任務を明らかにすること。

よって、上司の目標達成に寄与すること。

目標連鎖（系列）

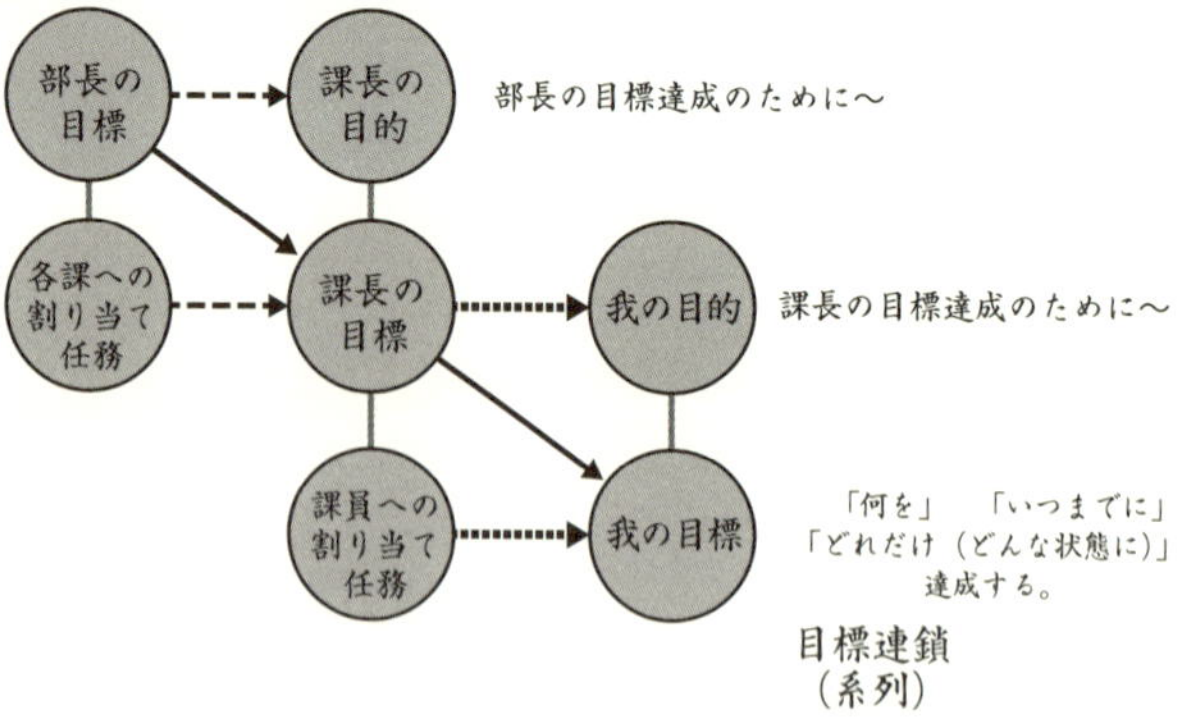

海上自衛隊ではこの使命感の確立に目標系列（目標連鎖）と使命の分析という手法を使っています。

使命の分析とは自分の使命（＝目的＋任務）を導き出すことであり、これには目標系列（目標連鎖）を重視します。

目標系列に関して簡単に説明すると、例えば部長が「○○を達成するために、××を××までに××とする」という業務命令を出したとします。

この業務命令の「〇〇を達成するため」は部長の目的、すなわち部としてこの命令を遂行する目的です。

そして、「××を××までに××とする」という部分は部長の目標、すなわち、部としてこの命令を達成する目標です。

この命令を受けた課長は、

「××を××までに××とするために、△△を△△までに△△とする」

という業務命令を出します。

この命令の××部分は部長の目標であり、これを受けた課長の目的となります。

つまり、上位者の目標が直近下位者の目的となって順次繋がっていく、これを目標系列と呼んでいます。

この目標系列がしっかりしていると部門が一つの目的に向かって方針がぶれることなく、全ての資源を有効に集中、活用して目的を達成できます。

この目標系列が極めて乱れている民間企業は多く、無駄な作業の実施、兵力の集中が困難であると思います。

②論理的決断力と実行力

指揮官に必要な力は決断力と実行力です。そして決断と実行には必ずリスクを伴います。そのリスクは部下とその家族全員に直結するリスクです。

指揮官はそのリスクを甘受して組織を行動させ成果を挙げなければなりません。このためには自分の決断を信頼し、部下を信頼することが必須です。そして結果に対して全責任を負わなければなりません。

つまり、指揮官のリーダーシップは若い時代と中堅時代のリーダーシップに加え、結果に対する全責任を負う覚悟が必要となります。

従って指揮官の決断と実行はそんなに生半可なものではありません。

まして、指揮官の能力が不足してとんでもない決断をして実行を命じた場合の被害は取り返しのつかない、指揮官が責任を負えるものではなくなります。

このために、混乱する修羅場の戦闘状況下においても、論理的におおむね正しい判断と決断が適時にできるような指揮官の能力は不可欠となります。

海上自衛隊においてはこの能力の習得の為に作戦要務という手法を確立しています。

作戦要務とは、作戦計画を立案する論理的手法であり、最初に彼我の戦闘力を徹底的に分析し比較します。

次に敵の可能行動を列挙します。

この際は考えられる敵の可能行動を最初から有り得ないと排除するのではなく、どのような些細な行動も網羅して対象とします。

そして次に我の取り得る行動方針を列挙し、我の行動方針の一つ一つを列挙した敵の可能行動に対抗させ評価します。

評価に際しては
①適合性（目的達成に適合しているか？）
②可能性（人的、物的資源を利用して物理的に実施可能か？）
③受容性（失敗した場合の損害は許容できる範囲か？）
の三つの要素で定量的に評価し、我の行動方針で最善の行動方針を決定します。

これを最適行動方針の選定と呼んでいます。

また、作戦計画や作戦構想の作成においても、日常、口頭命令で任務を与える際も、常に目標系列と使命の分析を行う習慣を定着させています。

そして、うまく行ったら部下の功、失敗すれば全て指揮官の責任という自覚を持たせ、これを指揮官の統率の根幹としています。部下はこのような指揮官に命をかけてついてきます。

③指揮・命令力……正しく行動させる。目標系列、簡潔明瞭な命令文、指示

部隊、組織を正しく行動させるためには正しい命令・指示が必要となります。

冒頭の問題点で述べたように命令・指示が厳格に行われているかいないかは社内メールのやり取りを見るとよく分かります。

海上自衛隊では若い時代から錯誤の起こらない命令の出し方を教育します。

次の例は曖昧な命令として教育でよく使う例です。

「お母さんが台所でサンマを焼いています。三歳の女の子と猫のミケが台所にいました。

すると突然訪問者を知らせる玄関のチャイムが鳴りました。
お母さんはガスコンロの火を消し、女の子に『魚を見ていてね』と言って玄関に向かいました。訪問者の用事が終わり台所に帰ると、そこには魚と猫の姿が見えませんでした。
お母さんは女の子に『魚を見ていてねといったでしょう』と怒りました。
女の子は『魚を見ていたよ』と答えました」

この命令には、何のために魚を見るか、という命令の目的が抜けています。

日米の空母機動部隊の兵力が逆転する結果となったミッドウエー海戦も、作戦命令がミッドウエーの攻略なのか敵空母部隊の撃破なのか、作戦命令の目的があやふやであったために敗れた戦訓として使われます。

錯誤のない命令には「誰が」「何のために」「何を」「いつ」「どのようにする」という5WHが含まれていなければなりません。

④魅力……父母の如き厳しさと暖かさ、分け隔てのない態度

Commanding Leadershipとしての艦長の究極の部下統率は、部下全乗組員がこの艦長のもとなら喜んで命を預けられるという気持ちを持ってもらえることです。

このために大切なことは、真に部下を思う愛情や感情、部下の家族の両親や兄弟と同じような暖かい思いやりを持つことが必要です。

真に親身な愛情や思いやりがあれば、艦長の些細な言行でも意外なほど部下の心に通じていることを何回も経験しました。

真の部下統率はこのような小さな思いやり、出来事の積み重ねで出来上がるものと確信していきます。そしてこのような信頼関係が出来上がれば、指揮官は自ずと部下の幸せのために心血を注ぐようになります。

艦長や会社の社長は、一般の隊員や社員の視線の中心にあり、全員がその言動に注目しています。部下の人生や幸福にも影響を及ぼす組織の核心です。

つまり、艦長や社長はその組織の命運を握る偉い人です。

しかし、ここでよく考えなければならないことは、艦長や社長が偉いのであって、艦長

や社長である○○さんという個人が偉いのではありません。

自分が優秀で偉いから艦長になった。或いは自分の才覚で社長になったという雰囲気を表に出す人には部下は命を預ける気にはなりません。


艦長や社長は権力を有するということを認識した上で、いかに部下の心を掌握して、親身な対応ができるか、これが部下がついてくる境目です。

部下の心を掌握して初めて、指揮官一人の力ではなく、組織の人、物、金の全資源がその能力、機能を全幅発揮して組織として驚異的な力を発揮するようになります。

Commanding Leadershipとは、聖人が凡人を統率する関係ではなく、欠点だらけの人間が欠点だらけの人間を統率する関係です。


艦長や社長にも欠点は多々あります。また、部下の個々人にも欠点は多くあります。

反面、艦長や社長にも、また部下の一人一人にも他の人が持っていない長所が多々あります。組織とはこのような組織の個々人の長所、他人が持っていない長所を皆で出し合って大きな総合力、すなわち組織力を発揮してこそ組織を作る意味があります。

このためには、艦長や社長は自分で自分をパーフェクトな人間と過信せず、欠点だらけの人間であり幸運にもこの配置についていると自問自答し、また部下を卑下することなく、部下には全員それぞれ他人が持っていない長所、自分自身でも気づいていない能力があることを認めてあげる。いや、その能力を発見してあげるのが指揮官の重要な役目です。

⑤絶対感性……

海上自衛隊で約二〇年の船乗り生活を通じて、星と太陽で位置を把握し、大洋の真っ只中でジャイロコンパスのみに頼り、ある時は自然に逆らい、またある時は自然に身を委ね、艦の運航と作戦を学び、また様々な状況下で部下統率を経験して艦長になり、その艦長勤務の後半に不思議な能力、感性に目覚めました。

この感性は、副長までの勤務では得られなかった感覚であり、艦長という莫大な国有財産と部下の命を預かる責任感と使命感の重圧により得られた感覚と思っています。

私はこの感覚を部隊指揮官（艦長、司令）の絶対感性と名付けました。ほとんどの部隊指揮官が経験する能力、感性です。

艦長等の部隊指揮官や企業のトップの Commanding Leadership には最終的にこのよ

うな能力が必要になると思います。

この絶対感性とは？

私が経験した絶対感性は色々ありますが次の三つの能力、感性で説明します。

まず第一の感性は

Ⓐ部隊（状況）が俯瞰できる能力です。

複数の護衛艦で作戦行動する場合、自艦を中心（基準）に周囲の状況を把握する自艦中心の二次元的な世界が普通です。

この自艦中心の世界が、自艦も含め部隊全体の配置や動きが上空の鳥の目から見るような、まさに鳥瞰図のように見える世界に変わりました。

自分の艦自体も第三者的に見ることができる、部隊を俯瞰できる能力に目覚めました。

この能力により、複数の部隊も自分の艦も自由自在に動かすことができるようになります。

海上自衛隊は三年に一度、観艦式を実施します。洋上で船が動きながらの観艦式が実施できるのは世界で海上自衛隊のみです。多数の艦艇、航空機による複雑な動きの観艦式が事故なく実施できるのも海自の部隊指揮官の絶対感性のなせる業と言えます。

自衛隊退官後、上場企業のＩＴ会社に就職し取締役を経験させてもらいましたが、この会社の創業社長はビジネスにおけるこの種の絶対感性を有しておられることを実感しました。

この絶対感性は全ての責任を負う指揮官に備わる能力であると確信しています。

二番目の感性は

Ⓑ異変を感じ、危険を予知できる第六感的な能力です。

護衛艦で長期行動の場合は、艦長も航海中に仮眠や就寝により疲労を回復する必要があります。

このような場合は、安全な海面や安全な部隊行動の確認、艦長の休憩中の不測事態発生時の報告、処置方針を示して仮眠します。ベッドで仮眠していても艦の不自然な動揺や空気の変化ですぐに目覚めます。

報告が無くても何かしら異変を感じて艦橋（ブリッジ）に上がると大変な状況になっていたことがよくありました。

中級幹部や護衛艦の副長の時でもそのような感覚は経験しませんでしたが、艦長になって初めて経験しました。

現場にいなくても部下の動きや波や風や空気で異変を感じる感性は艦長経験者のほぼ全員が経験する能力で、これも艦長という強い責任感と使命感のなせる業と思っています。

また、艦長になると胸騒ぎとは違う不思議な危険予知能力が備わります。

通常とは異なる手段を講じたり、通常では考えられない作業を命じたり、どうしても納得できずに計画を変更させたり、かたくなに計画に固執したりすることがあります。何かしら不安を感じてそのようにするのですが、このような場合には必ずと言ってよいほど、そうして良かったと胸をなでおろす場面を数多く経験しました。

これは自分でも不思議な能力でした。

第三番目は

Ⓒ一見して部下の心情を把握出来る能力です。


艦長は絶対的な権限を有する配置であり、艦長の誤った判断により部下を怪我させたり、死に至らしめる可能性のある行動はいくつも考えられます。

綺麗ごとを言っている訳では決してありませんが、自分について来てくれる部下は家族以上に大事に思えます。

これはほとんどの艦長が感じる心情です。この感覚は護衛艦の副長までは感じなかった心の琴線に触れるような人間関係の感覚です。

この心境になると、部下の顔色や言動の変化に自然と気が付くようになります。何か悩んでいる、何か困ったことがある、何か心配事がある、体調が悪いとか、部下の心情が手に取るように分かってきます。

部下の心情が分かると部下のために具体的な処置を施すことが可能となります。部下との信頼関係ができると、お互いの脳波で情報をやり取りしているのではないかと思ったこともあります。

〈絶対感性の具体例〉

海自現役時代の艦長、司令等の部隊指揮官の経験を通じて私が経験した絶対感性の二つの事例を紹介します。

①四〇歳の時の護衛艦隊旗艦「むらくも」艦長時代の経験

体験航海（ＰＲ）のため単艦（一隻）で八戸港に寄港しました。

任務を終えて次の行動に向かう出港の朝、六時に起床すると港内は視界が一〇メートルもない濃霧でした。

八時の出港時刻までには視界もある程度は回復するだろう、回復して欲しいという願望をもって天気図を分析しながら霧を眺め、霧を頬で感じていました。港外には二、三〇隻の停泊船が入り乱れて投錨し、霧待ちをしている状況でした。

その時、何とも表現できない不思議な胸騒ぎを感じ、航海長を呼び、港外の停泊船全てと無線で連絡をとり、船名及び投錨位置を正確に把握し海図に記入しておくように命じました。航海長は何でそこまでと思っていたようですが、一時間ほどで港外の状況を正確に把握してくれました。

八時の出港時刻になっても霧は晴れず、港湾事務所と出港の延期を調整しましたが、以後の岸壁使用の予定から延期の限度は一〇時との回答を得、また自艦の次の任務からも判断して一〇時には出港すると決断しました。

一〇時になっても霧は晴れず、自分の舳先も見えない濃霧の中での出港でした。乗組員の霧中航行の練度は信頼しており、また今回は港外の状況を正確に把握していること、レーダーの見張りも強化したこと等から全く不安は感じていませんでした。

それはまさに港の狭い出口にさしかかろうとしていた時のことです。

主発電機が急停したという悲鳴にも似た報告を受けました。非常用発電機も使用できない、いわゆるブラックアウトの状態です。

レーダーも含めセンサーは一切使用できず、周囲の状況も全く把握できず、また艦を停止したら潮流に流され防波堤等に接触する可能性もあります。

私の頭も一瞬ブラックアウトしましたが、結果的には広い場所まで安全に航海し投錨することができました。

これは不安、胸騒ぎに端を発し、事前に航海長に大変な作業を命じ、港外の停泊船の名前と位置を正確に把握していたため、これらの船と連絡でき、彼らの協力も得られたことによる結果です。

②環太平洋共同訓練、リムパック96に
日本部隊の首席幕僚（参謀長）として参加した時の事案

私が乗艦していたイージス艦の戦闘情報室に「Downed Aircraft」（航空機の墜落）のアラートで始まった悪夢のような事故、直後に大きく報道された海自護衛艦による米海軍空母艦載機Ａ－６イントルーダーの誤射撃墜事案です。

米海軍と海自の部隊がグアムからハワイへ向けて航海中、二～三隻の艦を分派して行う高性能20㎜機関砲（ＣＩＷＳ）による射撃訓練でした。高性能20㎜機関砲（ＣＩＷＳ）は、一分間に約三〇〇〇発発射できる機関砲で、自分で接近する目標を見つけ発砲し、自分の弾と目標のズレを検知し、自動的に修正して最終的には目標に命中させる武器システムで、一度ロックオンし発砲を開始したら必ず命中する必中システムです。

当時の訓練においては標的の速度等から五〇〇発程度撃てば標的は間違いなく撃墜できる状況でしたが、海自は、この射撃訓練を従来から発射弾数二〇〇発で実施していました。発射弾数二〇〇発は特に決まりがある訳ではなく、二〇〇発撃てば最終発射弾群の数発程度が標的まで到達するが撃墜には至らず、従って次の艦の射撃にも使用でき、また必要な射撃データの収集も可能であり、いわば目標管理とコスト管理の観点から導きだされたものでした。

リムパック96訓練においても海自は二〇〇発で標的はビクともせず、米海軍は五〇〇発で見事に撃墜する状況が続いており、米海軍に対する海自の威容からも今回に限って五〇〇発発射に計画の変更が必要と思っていました。

そのような折、護衛艦「ゆうぎり」の砲術長から私の部下の射撃担当幕僚に電話があり「二〇〇発の射撃では標的を撃墜できず射撃員の士気が上がらない。米軍と同様に五〇〇発射撃させて欲しい」という上申がありました。

担当幕僚の報告を聞き、自分もそのように思っていたこともあり、しばらく考えましたが、射撃前日に発射弾数の変更を申し入れてくるその姿勢に何とも言えない外連《けれん》を感じ、担当幕僚には今回は計画どおり実施させるよう指示しました。

すると、その夜に砲術長の上位の幹部から今度は私に直接、同様の依頼の電話がありました。その電話を受けている間、今度は不安と胸騒ぎすら感じ、現在の計画での万全な準備と実施を指示しました。

翌日の「ゆうぎり」の射撃訓練において、「ゆうぎり」の20㎜機関砲はA－6イントルーダーが約五〇〇〇ヤードのワイヤーで曳航する標的ではなく、ミスにより航空機自体に指向し、二〇〇発の最終修正弾の数発が航空機の左翼付け根部及び胴体中央部に到達し、火と煙を発し、乗員二名はベールアウト（緊急脱出）して救助されました。

ここでは事故の原因等については述べませんが、前夜の電話の申し出を受け入れ、五〇〇発発射させていたら航空機は爆発炎上していたのは間違いなく、想像するだけで、身の毛がよだつ思いがしたのを覚えています。

あの時も何か感じるものがあり、頑なに計画に固執しました。

何故なのか、自分でも不思議です。

これも全身全霊を傾注してことに当たる海軍士官の伝統的感性が生み出す不思議な力のなせる業ではと思っています。

艦長の性格とトラブル発生の相関

海自現役時代で訓練指導隊群司令として在任中、艦長の厳しさや優しさと護衛艦の乗員やチームの力、護衛艦の事故等のトラブルの発生と相関はないかについて興味を持ちました。訓練指導隊群司令は横須賀、呉、佐世保、舞鶴の各総監部地区に訓練指導隊を有し、海自の全水上艦船の教育、指導を行う部隊で、初めて艦長に就任する艦長候補者の教育も実施していました。

艦長の性格・姿勢により組織は変わる

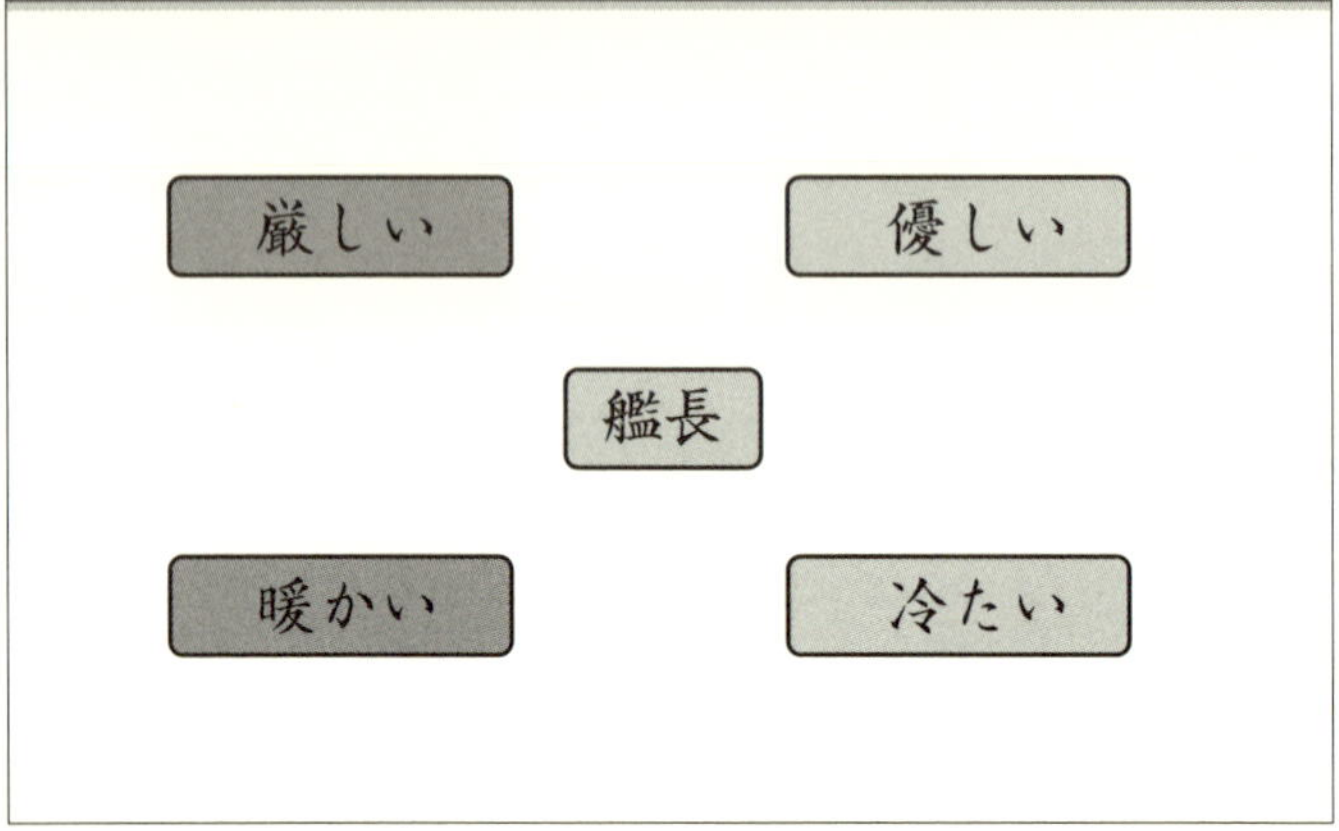

海自の全水上艦船の練度維持に責任を有する立場として、艦長の性格や姿勢が部下のモチベーションや組織力にどのような影響を与えるのかに着意して勤務していました。

艦長の性格と姿勢を、仕事面で厳しい艦長と優しい艦長、部下への対応で暖かい艦長と冷たい艦長の四つの代表的タイプに区分し、護衛艦の乗員の士気やチーム力、艦船事故やヒヤリ・ハット事象の生起との関連性を調査しました。

艦長の性格や姿勢の組み合わせの分類としては

仕事に　部下に

①厳しい　＋　冷たい

②厳しい　＋　暖かい

③優しい　＋　冷たい

艦長の性格・姿勢により組織は変わる

	仕事に		部下に		
①	厳しい	＋	冷たい	×	
②	厳しい	＋	暖かい	◎	最も好ましい
③	優しい	＋	冷たい	△	
④	優しい	＋	暖かい	×	

④優しい　＋　暖かい

の四通りのパターンです。

仕事に厳しい艦長とは、仕事や教育に厳しく、困難な仕事や過酷な訓練にも果敢にチャレンジさせるような厳しい艦長です。このタイプの艦長は自分自身に対しても厳しい艦長が多いのが特徴です。

優しい艦長とは、厳しい艦長とは逆で、厳しい仕事や訓練を避けて、どちらかと言うと安全優先の安易な訓練や行動を選択しがちな艦長です。

暖かい艦長とは、部下に接する姿勢が親身で愛情が感じられるような暖かい心で接する艦長です。

一方、冷たい艦長とは、部下に接する態度や面倒見が冷たい艦長です。

私の調査の結果、厳しくて冷たい艦長①の艦が最も事故の発生率が高く、艦内の雰囲気も悪く、艦の練度も相対的に低い結果となりました。

他方、厳しいが暖かい艦長②の艦は、事故の発生率は極めて低く、練度も高く、艦内の雰囲気も良いという興味深いデータを収集できました。

私はこのデータを使用して、初めて艦長になる人に「厳しいが暖かい艦長②になれ！　優しいが冷たい艦長にはなるな！　そして間違っても、厳しいが冷たい艦長にはなるな！　厳しくて冷たい艦長は海上自衛隊を滅ぼす！」と檄を飛ばしていました。

前頁の表のとおり、厳しいが暖かい艦長②が最も好ましい指揮官であり、優しくて暖かい艦長④は二番目です。優しくても厳しくても部下乗員に対して冷たい艦長の艦は、士気もそれほど高くなくチームのまとまりも良くありません。

いずれにしても部下に対して冷たい艦長に乗員はついて行きません。

優しくて暖かい艦長④とは、旧日本軍の統帥綱領で示された威徳のある指揮官を目指しているようなイメージです。

このタイプの艦長の護衛艦は大きく二つに分かれました。

まず、一つ目は規律や団結力も緩んで練度もやや低い艦、二つ目はその逆で、団結力や士気、練度も高い艦でした。

優しくて暖かい艦長④の護衛艦は、普通の艦と士気が高く練度も高い素晴らしい艦に分かれます。その分岐点のポイントは厳しい幹部の存在でした。

その幹部とは次席指揮官、護衛艦でいえば副長です。

優しくて暖かい艦長は乗員には慕われますが、厳しい訓練や任務にチャレンジする厳しさが失われていく傾向があります。そこに副長の厳しい指導があれば精強性を維持できます。

よって、優しい艦長の下には厳しい副長、厳しい艦長の下には優しい副長の組みあわせが重要です。

厳しい父親と優しい母親のような二人が存在する組織は強い組織となります。

優しいが冷たい艦長は、人に嫌われないように外連《けれん》の行為が多い傾向があり、厳しくて冷たい艦長は最悪で、護衛艦のチームはバラバラで、乗員は艦長の顔色のみ窺って仕事をするようになる傾向となります。

「やって見せ、言って聞かせて、させて見て、褒めてやらねば、人は動かじ」

人を指導したり、人に教えたり、人を率いることは、人の性格や能力も様々であり、価値観も異なることからその人に合った方法でやらないと効果はありません。

しかしながら、海上自衛隊は大事に継承している旧日本海軍の教えを今でも実践しています。その教えは山本五十六元連合艦隊司令長官の次の教えです。

「やって見せ、言って聞かせて、させて見て、褒めてやらねば、人は動かじ」

★やってみせ

人に教える時は、ただ単に展示して見せることではなく、正しい模範を見せることが大事です。そのためには教える人も日頃からよく勉強して相応の実力をつけていなければならないという教えです。

この「やって見せる」という行動は、単に教えるという意味だけではなく、相手が仕事ができない人だとか自分より能力が落ちるという卑下した姿勢ではなく、相手は自分よりも成長してもらいたいという愛情と人格を認める尊敬の念がなければならない、という意味だと思います。これが統率、リーダーシップの出発点です。

★言って聞かせて

これも単に話して聞かせるという意味ではなく、相手が理解できるように説明することであり、最終的に相手に納得させなければ意味はありません。

人は理解して納得すれば与えられた仕事に全力で取り組み、力を十二分に発揮します。

★させて見て

これは実際にやらせてみるということです。

人間は頭の中では理解していても実際にやってみるとうまく行かないことが多い。人間が理解して実際にできるようになるためには、実際にやらせて経験させることが重要です。これを訓練といいます。

口で説明しただけで、できない部下に対して「教えたのに何でできないんだ！」などと怒る上司をよく見かけますが、これでは部下の成長も上司の成長もあり得ません。

教えです。

★褒めてやらねば

やらせてみた結果を評価して、良くできた場合は、褒めてやることが大事であるという教えです。

徴兵制で軍律厳しい旧日本海軍において艦隊トップの連合艦隊司令長官が部下を「褒める」ことが大事だと言っておられることに違和感を感じませんか?

旧日本海軍は規律も士気も極めて高い軍隊であったのは戦史が証明するところです。いくら士気の高い軍隊であっても兵士の動きはそれぞれの部隊の指揮官や上司との信頼関係によって異なります。褒められて仕事をするのと叱責されながら仕事をするのでは、仕事をやる気力が異なってくるのは現代社会でも同じです。

日本人が古来から育んできた和と共栄の精神に基づくチーム力、まさに旧日本海軍の組織の内面に流れていた精神であると確信しています。

相手を「褒める」という行為は、家庭教育においても、学校教育においても、会社においてもとても重要な行為であり、褒める行為を裏返せば相手の人格や能力を認めて尊敬の念を表していることにもなります。

★人は動かじ

単に人が行動し始めるという意味だけではなく、目的を達成するために自分の使命と任務をよく理解して行動するということであり、上の四つの手段により達成できるという教えです。

いずれにしても部下の教育には部下に対する愛情と上下の信頼関係がなければ人はその力を発揮しないという教えでもあります。

山本五十六連合艦隊司令長官のこの教えには続きがあります。

人を育てる教えと人の成長を促す二つの教えです。

「やって見せ、言って聞かせて、させて見て、褒めてやらねば、人は動かじ」
「話し合い、耳を傾け、承認し、任せてやらねば、人は育たず」
「やっている、姿を感謝で見守って、信頼せねば、人は実らず」

仕事を理解させて、褒めてあげないと部下は動かない。
承認してあげないと部下は育たない。
感謝し、信頼してあげないと部下は実らない。
これらの教えは現代にも通じる貴重な教えです。

部下に愛情を注ぐ……

人間は五感で相手を認識する前に脳が相手の心を読み取っているのではないでしょうか。これはまさに人間の生に対する本能とも思えます。

私は海自現役時代、艦長、司令等の配置で数多くの部下隊員と勤務しました。部下は上司を選べないこともあり、部下の上司の心を読み取る感性は非常に鋭いのです。

私の経験上、間違いなく言えることは、上司が部下を見て、こいつは素晴らしい奴だ、と思えば、部下は必ずこの上司はいい人だと思うということです。

逆に、上司がこいつは生意気そうだとか嫌な奴だと思えば、部下は一〇〇%この上司は嫌いだと思います。

嫌いな上司だと思った部下はその上司に命を預けようとは思わない。それは自衛官という使命感にかかわらず、ごく当たり前の心情です。

よってリーダーがチームをまとめる第一歩はチーム全員に愛情を持つことです。愛情を持つためには、私は部下の美点を見つけることにしていました。

人間はリーダーに限らず誰でも欠点だらけの人間であると思っています。

しかし、どのような人間にも素晴らしい面があります。

出来の悪い部下でも真面目にこつこつやるとか、場を和ませるとか、親孝行をしているとか、特に自分より優れているなと思える良い面、褒めたくなる点を探せば限りがありません。

そして上司がその美点に触れると、部下はこの上司は自分のことを真剣に理解してくれていると思います。これも当然の心情です。

この関係が構築できて初めて真の上司部下関係が構築できます。

指導される力、上司についていく力、これがフォロワーシップです。

このフォロワーシップこそがリーダーシップを深める源泉です。良き部下はフォロワーシップがあり、自ら行動するようになります。そうなるとやがて見事なリーダーシップを発揮できるようになります。

また部下が良きフォロワーシップを発揮してこそ、リーダーは強いリーダーシップを発揮できます。つまり、リーダーシップとフォロワーシップは表裏一体の関係でもあります。指導される力があるということは、単に上司に対して従順になるということではありません。指導を受け入れて自分の財産とする力、指導を受け入れて自分が成長する力があるということです。部下が成長すればそれだけ組織力も強くなります。

リーダーの仕事は、部下を使って自分の業績を上げることではありません。リーダーは部下を育てて社会に返す責任があります。そうすることにより自分の組織も強くなり、日本的な和と共栄を軸とする強い組織ができます。

良き部下、良き上司になるために

海上自衛隊では、現在自分は誰の指揮下なのか、或いは誰の指揮下に入るべきなのかを常に考えて自己の使命を明確にして行動する習慣ができています。指揮官先頭・率先垂範、率先躬行《きゅうこう》は当然として、部下が指揮官に積極的について行かなければ一糸乱れぬ組織活動はできません。

良き部下とは、積極的について行けるフォロワーシップを備えた人です。そして良き部下のフォロワーシップを発揮した人がやがて良き上司となります。

米海軍のリーダーシップ教範では、フォロワーシップとして習得すべき態度は服従、信頼、尊敬、忠実な協力の四つであり、海軍のリーダーシップを伴ういかなる局面においても、いずれか一つの態度でも欠けていれば致命的な失敗を招くとしています。まさに当を得た言葉であると思います。

良き部下になるためには、「自分が上司ならどうするか？」と上司の立場に立って部下である自分にやって貰いたいこと、期待することを常に考えて行動することが重要です。

つまり「上司は何のために何をしているのか？」「上司が更にその上の上司から何を期待されているのか？」「自分は何がやれるのか、上司のために何を貢献したらよいのか？」

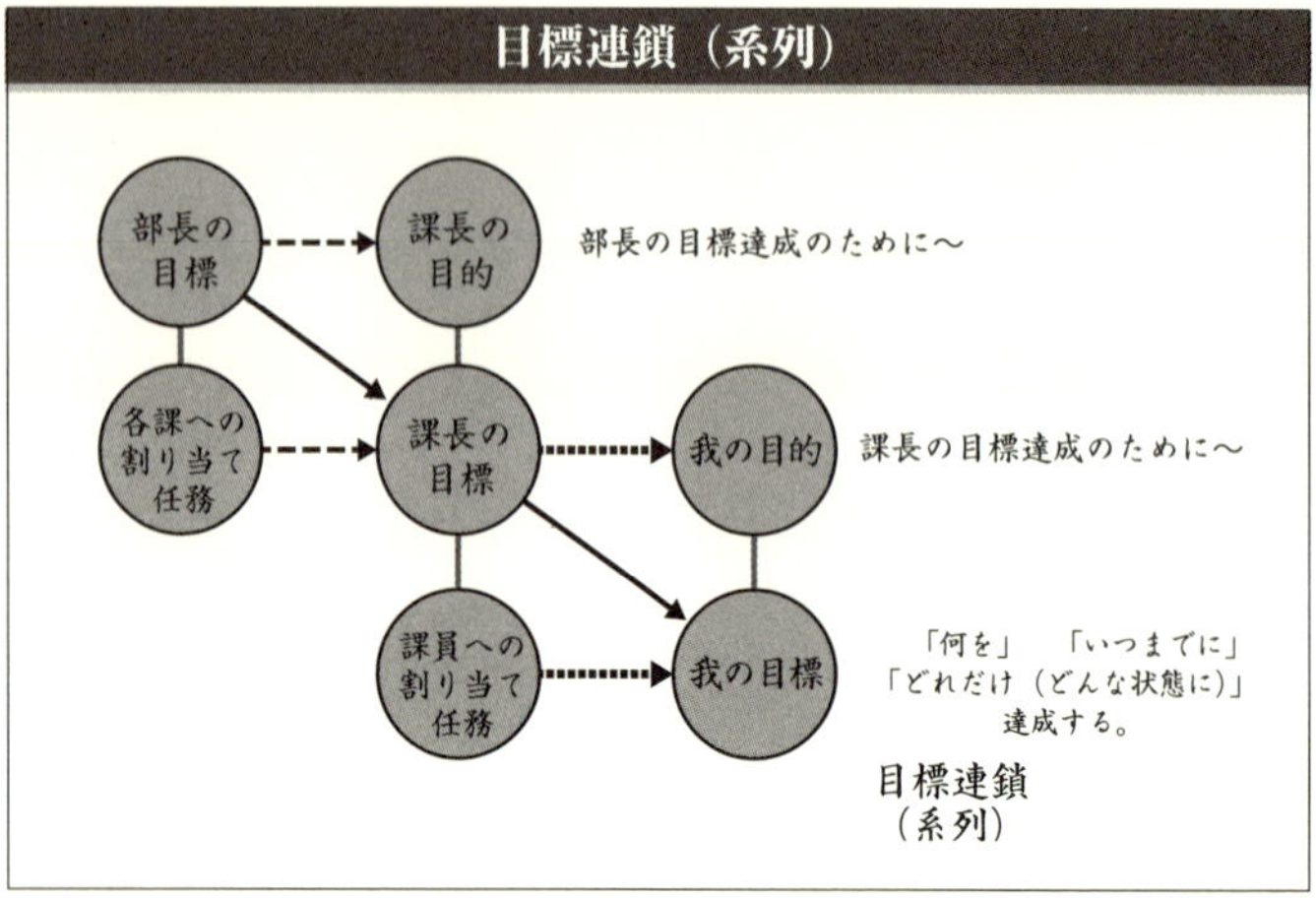

ということを常に考えて仕事をする習慣を身につける必要があります。

このために使用する手法が使命の分析です。

使命＝目的＋任務

使命とは、何のために（目的）この仕事をする（任務）ということです。

使命を導き出す思考手順を使命の分析と言い、目標系列（目標連鎖）を重視します。

上の図は、目標系列（目標連鎖）の考え方を説明したものです。

つまり、上位者の目標が下位者の目的になって順次繋がっていくことを目標系列（目標連鎖）と呼んでいます。

国の命運や部下の命に係る軍事作戦では、目標系列に則った「使命の分析」は極めて重要です。日常の仕事や業務においてもこの使命の分析はそのまま適用でき、仕事を正しく進めるためには不可欠です。

自分の役割と使命を認識し、自分の仕事の意義を見出した時に人は大きな力を発揮します。

○「五省」

海軍兵学校からの伝統の「五省」は、広島県江田島市にある海上自衛隊幹部候補生学校に現在も伝わっています。

五省は昭和七年、第三四代海軍兵学校長　松下元（はじめ）少将の発案により、生徒各自の一日を反省させ明日の更なる修養に備えさせるため、五カ条の反省事項を考え生徒に実践させたものです。

海軍兵学校では、夜の自習時間の終了五分前に「自習止め五分前」のラッパが鳴ると、生徒は自習を直ちに止め、使用していた書物を素早く机の中に収めて、姿勢を正します。そして当日の当番生徒が五省の五項目の各項目を順番に問いかけ、その他の生徒は瞑目し、心の中でその問いに答えながら一日の自分の行為、姿勢を自省自戒していました。

海上自衛隊幹部候補生学校においては、この五省を現在でも引き継ぎ、夜の自習時間の終了五分前に海軍兵学校と同じ要領で行っています。

要領は、当直学生が五省の各項目を読み上げ、教室の全員が瞑目し一項目ずつ一日の反省、自戒を行います。

当直学生の読み上げ要領は、「ひとつ、至誠に悖るなかりしか……ひとつ、言行に恥ずるなかりしか……ひとつ、……」です。

ここで、五省の意味を簡単に説明します。

①至誠《しせい》に悖《もと》るなかりしか

日本国の海軍士官になるために高い志を持ってここ海軍兵学校に入校してきた。今日一日、誠意を尽くして生活できたか？

客観的に自分を振り返り不誠実と思われる振る舞いはなかったか。

真心に反することはなかったか？

②言行に恥ずるなかりしか

厳正な規律とチームワークが必須のまさに運命共同体の軍艦を基本とする海軍士官にとって嘘やごまかし、言い訳は最も恥ずべきこととして叱責されました。

多くの部下の命を預かる海軍士官は刻々と変化する情勢の中で健全な判断を瞬時に行わ

なければならず、部下の全員がその指揮官に命を預けて自分の配置で全力を発揮できるのは表裏のない潔い指揮官のみです。

外連（けれん：かっこ良く見せること）や嘘、ごまかし、口だけの言行不一致は海軍士官の資質なしと厳しく叱責、制裁されました。

③気力に欠くるなかりしか

今日一日の行動を振り返り、気力に欠けていることはなかったか。

気迫に欠けるところはなかったか。

④努力に憾《うら》み勿《な》かりしか

憾《うら》みとは他と比較して不満に思うことをいいます。

今日一日の自分の努力に反省はないか？

自分の限度まで努力したか？

易きに流されたことはなかったか？

⑤不精に亙《わた》るなかりしか

服装、姿勢、身だしなみ、整理整頓等、頭のてっぺんから、つま先、身の回りまで、不精になってはいなかったか？

そしてこの「五省」は米海軍にも大きな影響を与えています。

昭和四五年ごろ江田島の幹部候補生学校を訪問された米海軍第七艦隊司令官、ウィリアム・マック中将（のち海軍兵学校校長）は五省に感銘を受けて英訳を募集しました。

そして日本人、松井康矩氏（七六歳）の英訳が当選し、賞金一〇〇〇ドルとともに英訳文が、メリーランド州のアナポリス海軍兵学校（United States Naval Academy）に掲示されたそうです。

第三章

上司の究極の仕事とは

リーダーの究極の仕事とは勝つことと部下を育てること

リーダーの究極の仕事は次の二つに集約できます。

それは「勝つこと」と「仕事をなくすること」です。

勝つことと仕事をなくすること？

意味不明ですね！

リーダーの究極の仕事のまず第一は、勝つこと、つまり組織の成果を上げることです。勝たなければ社員やその家族を守ることも社会に貢献することもできません。この人についいて行けば勝てる、この人は信頼できると思えて、人は人について行きます。

特に軍隊組織においてはこの「勝つこと」は生死に直結するため、このリーダーについて行けば勝てる、このリーダーのもとで頑張れば勝って生きて帰れると自分で確信を持ち、自分の命運をかけられると納得しなければついて行くことはできません。

フォロワーが勝てると信頼し、納得するためにはリーダーの何がポイントになるのでしょうか？

それはその人の勝つことに対する執念です。何が何でも勝つという強い執念と皆から信頼される真摯な姿勢です。

そのためには、リーダー自ら目標系列に基づく自分の使命を明確に意識し、部下にチーム員個々のやるべき使命を自覚させる必要があります。

次にリーダーの究極の仕事の二番目は、自分の仕事をなくすることです。

リーダーはフォロワー（部下）を使って自分の業績を上げることではありません。

リーダーの仕事は部下を育てることです。

部下は商品でも単なる労働力でもありません。部下は社会から預かっている大事な人財です。

上司は部下を育てて社会に返す責任があります。これこそがリーダーの究極の仕事です。

上司は部下を育て上司の仕事が出来るレベルまで育てる。そうすると、自分の仕事がなくなります。自分の仕事がなくなるということは、楽をするということではありません。

時間的、精神的な余裕を作り、新しい提案や更に高いレベルの仕事にチャレンジしたり、自己のレベルアップを図る時間が作れるということです。

この様にして組織の中で人は成長し、組織は強く大きくなっていきます。

最善の提案を導き出す

私の知人の社長経験者で常に斬新な提案をされ、それらを事業化された豊富な経験をお持ちの方がおられます。

ＪＲの自動改札ＳＵＩＣＡシステムの誕生にもかかわられたと聞いています。

その方は街に出れば、街の生活システムでこれをこのように変えれば人々の生活は更に良くなる。更に便利になるという改善策は枚挙に暇がない、と言っておられました。また、実際に街に出たらその提案を考えるのが三度の食事より楽しいとも言っておられました。

同じ会社の取締役であり、取締役会でのその方の発言の内容を振り返ると、問題の瞬時の正しい認識と問題の本質の把握力に優れているといつも感心していました。

新しい提案をするためには、まず問題を正しく認識し、その原因の本質を把握して、提案を整理することが重要です。つまりある問題の改善策としての提案は色々でてきますが、その中で最善の提案を導き出す能力が必要になります。

そして、この一連の手順で最も大事なことは「本質の把握」です。

本質とは、そのものの根本的な性質であり、いわばそのもののＤＮＡともいうべき核心的なものです。

本質にたどり着くためには、「なぜなぜ?」を五回繰り返せとよく言われます。「なぜなぜ?」で本質を追求する場合は、その原因を人の意識の問題にせず、システムや組織、指導の問題と捉えていくとロジカルな追求ができます。

優先順位の決定とできるだけ早い自分の考えの決定

時間は自分で作るものです。人が時間を与えてくれるものではありません。

忙しくて時間がない。仕事が多すぎて時間がないという人に限って無駄な仕事や余計な仕事に時間を費やし、やることが多すぎて自分の時間がないという悪循環に陥っている場合が多く見られます。

自分の時間は自分で作るものです。

そのためにはやるべきこととの優先順位の決定が重要です。優先順位の決定には緊急度と重要度の検討が必要です。
①第一優先項目：緊急で重要……納期が迫っている仕事、クレームの処置等
②第二優先項目：緊急ではあるが重要度はさほど高くない……電話やメール対応等
③第三優先項目：緊急ではないが重要……スキルの向上、人間関係の構築
④第四優先項目：緊急でもなく重要でもない……だらだらの雑談、ＰＣ、スマホゲームの実施等

自分に与えられた一日二四時間をいかに有効に使うかを意識すれば自分の時間は自ずと作れるようになります。

また、日常業務でいつも残業している人、突然の追加仕事が入っても仕事を終えて定時に帰る人など現実に色々なタイプの社会人を見かけます。

これこそが、自分の時間を作れる人と自分の時間が作れずいつも走り回っている人の違いでもあり、この違いは仕事のやり方からも来ています。

いつも残業している人の多くは全てに完璧を求める人が多いように感じます。これでは時間がいくらあっても足りません。

仕事を定時までに終了させて帰る人は仕事の達成目標を一〇〇％ではなく、例えば七〇

%、八〇%に設定して仕事をしている人が多いように感じます。

海上自衛隊では〝拙速《せっそく》は巧遅《こうち》に勝る〟という教えをよく指導します。

海上作戦は状況が常に変化し計画通りいかないのが普通です。状況の変化や不測の事態に臨機応変に対応するためには出来は六、七〇%でも良いから早く自分の考えを決めることが重要です。自衛隊の作戦に想定外という概念はありません。この言葉は責任逃れに過ぎません。

拙速とは、つたなくても速いことであり、巧遅とはたくみであるが遅いことです。つまり、完璧な仕上がりでなくても速いに越したことはない、という教えです。

完璧さを追求し過ぎて期限ぎりぎりまで資料を温めて提出する人をよく見かけます。この場合によくあるケースが、趣旨がずれているとかピントがずれていると言って突き返される光景です。自分が完璧だと思っていても相手はそう思っていないことがあるということを頭に入れた時間の使い方が必要です。

たとえ六〇%でも「まだ途中ですが、考え方、進め方の確認とご指導を得たく提出します」と提出したらどうでしょうか？

上司は必ず詰めの進め方を具体的に指導してくれます。

或いは、これはこれで良いと終了し、更に一歩前に進む仕事が与えられるかも知れません。理想は「巧速」すなわち「完璧で速い」ことを目標とすべきであるのは間違いはありません。しかし、人の経験や能力は様々です。

ある程度仕上げて早く出すか、期限まで考えられるだけ考えて精一杯の結果を出すか、二者択一を迫られたら、良き上司、良き部下は躊躇なく「拙速」を選択し、上司や仲間を巻き込んで皆の知恵を借りて大きな成果を生み出す方法を知っています。

自己を高める勉強法

●勉強の目標管理を行うこと

自己を高める勉強法についても仕事の目標管理と同様に「自分の何を（スキルか人間力か）」「いつまでに（期限）」「どんなレベルにしたいか（達成レベル）」を明確にして、具体的かつ段階的な計画を作り、進捗状況をチェックして進めなければ長続きはしません。

また、モチベーションを維持するためには目標を達成した自分の姿と世界のイメージをワクワクと想像し、自分に頑張るぞと言い聞かせることです。

●自己啓発

自己を高める勉強法は基本的に自己啓発によるチャレンジです。

自己を高めるために自分に投資し、セミナーに行く、講演に行く、サークルに参加する等、多様な方法があります。

また、自己啓発心のある人は日頃の勤務中においても自己を高める方法を知っています。

海上自衛隊においては、自己のスキルを向上させる方法として日頃の勤務で次の方法を指導しています。

●見取り勉強（稽古）

旧海軍から受け継いでいる教えの一つに「青年士官は青天井」という教えがあります。

英語では「Young officer's always on the deck」といいます。

これは、青年士官は自分の部屋や事務所で仕事をせずに常に青空の見える甲板上にいなさい、という教えです。

この教えは、若いうちは現場にいて現場を覚えなさいという教えのほかに、見取り稽古をしなさいという勉強法も含まれています。

会社員であれば、一つ上の上司や同僚の仕事のやり方、部下指導の方法、チームのまとめ方等を観察し、自分なりに評価し、良いところは真似をして、悪いところは悪い例として自分の知識の中に組み入れることです。

これを見取り勉強（稽古）と言います。

見取り勉強（稽古）は、自分の目標とする上司や仲間が近くに存在する場合は極めて好機であり、つぶさに観察し、あらゆる角度から見たノウハウを吸収し、良いところは自分のものにし、悪いところは真似をしてはいけない教訓とする着意が必要です。

●聞き取り勉強（稽古）

休憩中に上司が仕事の雑談をしている。同僚が仕事の失敗談や成功談を話している。

このような光景はよく見かけます。

このような時、第三者のあなたはどのようにしていますか？

自分には関係のないことと聞き流している人、

自分の仕事をしながらも、なるほどと雑談をしっかり聞いている人、
自分の仕事をやめて雑談の中に入り込んでくる人、
等々、周りの人の反応は様々です。
自己を成長させたいという自己啓発心のある人は決して自分には関係のないことと聞き流したりはしません。
自分が経験していない仕事の話、失敗談や成功談、これらは今後あなたも経験するかもしれない事象であり、自分の勉強の好材料です。
このような話をしっかり聞き取って、自分で評価し、自分ならどうするという考えを持つ。これを聞き取り勉強といいます。
自己を高めるための勉強法としての聞き取り勉強の材料は、至るところに存在しています。

●イメージトレーニング

見取り勉強（稽古）と聞き取り勉強（稽古）にも関連しますが、
自分ならこうする。
こうしたらこうなるだろう。

こうならなかったら更にどうする。

更にこうならなかったらどうする、等々のイメージトレーニングをします。

これは特に技術や技能を向上させるためにはとても有効な勉強法です。この方法は、仮想空間で自分だけのシミュレーションであり、いかなる場面の想定も実施可能です。

自分ならこうするというイメージトレーニングを常に心がけている人は、未体験のトラブルや問題に遭遇しても、さも経験したことがあるかのように対処できます。

日々の追われる仕事に対して、精神を安定させる

日々仕事に追われて余裕のない人はやがて精神的にも肉体的にも疲労が蓄積し、健康に支障をきたすのは明白です。

人間の身体は、肉体的な疲労は、これ以上は危ないというところで安全装置が働き、体が休まるようになっています。

しかし、精神的な疲労の蓄積には安全装置はなく、限度を超えると鬱や精神異常を来たします。よって日々仕事に追われている人は精神を安定させ、精神がダウンするのを防が

なければなりません。日々の忙しい仕事の中で、精神を休ませることなどできるのでしょうか？

人間はゴルフや釣り、スポーツ観戦はもちろん、仕事でも自分が好きな仕事であれば、たとえ徹夜しても疲れません。

自分が楽しい思いをしている時には脳は疲れさせてくれません。

嫌な仕事や作業を続けていると誰でも疲れます。

そうです、日々仕事に追われている人が精神を安定させる最善の方法は仕事を苦痛と思わず、楽しいと思うことです。

やらされているという受け身の姿勢になったらあなたの負けです。

どうせやるなら仕事を楽しいと思わなければ損です。

どんな仕事でもその仕事の中に楽しみを見つけだせるものです。

また、日々の忙しい仕事で精神を安定させる物理的な方法として次は効果があります。

＊五分間仕事を忘れる

いくら忙しい人でも五分程度の休憩を取ることは可能だと思います。

この休憩中も仕事のことを考えるのが常ですが、あえて仕事のことを忘れ、楽しいこと、ほっとすること、癒されることをします。

例えば、好きな音楽を聴く、アロマ等の落ち着く匂いを嗅ぐ、等々でとても効果があります。

＊五分間体を休ませる

忙しく走り回っている人ほど短時間でも体を休ませる必要があります。体を休ませると言っても居眠りをしなさいと言っているのではありません。

このような場合は、短時間でも良いのでストレッチとか背伸び、或いは外に出て新鮮な空気を吸う等の行為でも効果はあります。また、笑いも非常に効果があります。

自分が大切にしている仕事を部下に任せて育成する

自分の得意分野や思い入れのある仕事は、人に譲ったり、任せたりするのは中々大変です。何故なら、その仕事は楽しく、またその仕事をすることで自分の役割と存在意義を実感できるからです。

しかし、いつまでもその仕事を部下に任せず自分で行っていたのでは、自分自身の成長も部下の成長も或いは組織の成長もあり得ません。

人間は新たな仕事に挑戦して、失敗し、壁にぶつかり、苦労してスキルが上がり成長するものです。

自分が大切にしていたり、得意としている仕事こそ部下に任せて、部下を育成すべきです。部下が育つと自分は必ず上の仕事を目指して挑戦し、スキルは上がっていきます。

自分ができる仕事を部下に任せて指導する上司は間違いなく向上心の強い人であり、将来大成する人だと思います。

部下以上に行動的で、いつも率先して動く

いつも行動的で、いつも率先して動く人はどんな人ですか？

このような人はどこの組織にも必ずいます。

そしてこの人たちは年齢、ポジションに関係なく輝いていています。

人が輝いているのは仕事にやり甲斐があり、仕事が楽しく、仕事に全力で取り組んでい

るからです。

行動的でいつも率先して動く人は、感性が磨かれ研ぎ澄まされるから、周囲の人に対する思いやりや心配りも強くなり、周囲の人に好印象を与えます。

周囲から尊敬され感謝されれば益々その人は頑張り、更に光り輝く人になります。

海軍には〝指揮官先頭・率先垂範〟という教えがあり、海上自衛隊はこの精神を継承しています。

日本海海戦で艦隊が一列の単縦陣を形成して勝利したように、指揮官の座乗する旗艦は先頭艦であり、指揮官は常に先頭に立ち模範を示せという教えです。

短縦陣の先頭艦で指揮をすると、号令一つで後続の艦を自由に動かして火力を集中できる陣形を作ることも可能であり、また最も危険な先頭に位置して我に続けという覚悟を示すこともできます。

指揮官先頭・率先垂範は海軍における指揮官の作戦指揮及び統率の基本姿勢です。また、日ごろから指揮官先頭・率先垂範を実践していると次の思考サイクルが自然と起こります。
①指揮官先頭・率先垂範を実施するためには、失敗は許されず、事前の万全の準備と責

任を一身に負う覚悟ができます。
②覚悟ができると部下は全幅の信頼を寄せてついてきます。
③部下が迷いなくついてくる……部下が指揮官に命を預ける……と指揮官は更に謙虚になり、必死に研究、準備して作戦に臨み、また部下に対する感謝の心が起きます。
④率先垂範して努力すればするほど、新たな挑戦意欲が湧き上がり、部下への感謝、愛情は益々強くなります。
⑤艦長及び部下、部隊のスキルは更に向上します。
このサイクルが回っている艦こそが強い艦です。

トラブルに対して最前線に立つ

緊急事態やトラブルが発生した時、人間は誰でも関わりたくなく一歩下がって様子を見たいと思うのが普通の心情です。しかし、リーダーはこういう時こそ前面に立って対処しなければなりません。まず、前面に出ることです。前面に出てから考えましょう。それがリーダーです。

前面に反射的に出ても、トラブルの発生が想定外で、何をしたらよいか全く分からない状況であれば頭はまっ白で思考は停止し、リーダーシップの発揮どころではありません。瞬時に対処の行動を起こせるリーダーになるためには日頃の自分自身の訓練が必要です。旧海軍時代からも言われていますが、人間は訓練したことしかできません。或いはイメージできることしかできません。

よって日頃からトラブルが発生したらどうするか、リーダーとして何をするか、ということを色々な状況を想定して考える癖をつけることが重要です。

例えば、今大規模な地震が起きたらどうするか？　火災が起きたらどうするか？　テロが発生したらどうするか？　契約が破棄されたらどうするか？　顧客に大変な被害を与えたらどうするか？　等々、考えられるトラブルを想定し腹案を立てる習慣をつけ、自分の頭でシュミレーションする習慣を身につけることが大事です。

このイメージ訓練を継続すればトラブルに対処する能力は格段に向上します。

親父、兄貴になりきる努力……私的悩みにも配慮

上司と部下の信頼関係を構築する上で最も大事なことは、上司の部下に対する姿勢です。部下は上司を選べません。上司は部下を替えることもできます。この関係で上司が命令で部下は動くものと権限を振りかざして威圧したのでは信頼関係は築けません。

上司が部下を大事にして思いやる心、自分の兄弟、親子のような暖かさがないと人の心には通じません。まさに親身な対応が必要です。部下の私的な悩みも聞いてあげるような関係ができると部下との絆、信頼関係は盤石です。

このような心からの信頼関係ができると、部下を真剣に育てたくなります。

この状態での指導でないと部下は成長しません。

部下の良い面、長所を見つけて褒めて下さい。特に本人が気づいていない良いところを褒めてあげると、部下は自分を認めてくれたと認識し心から上司を信頼するようになります。

要は部下に兄弟、親子のような情愛を持つことです。

常に指揮官先頭・率先垂範で全責任は取る覚悟

指揮官が指揮官である所以は、結果に対して全責任を取らなければならないことです。これは民間企業のリーダーも同じです。

全ての責任は自分がとる。部下やチームは命を張って守る。このようなリーダーに部下は心からついていきます。

失敗を現場の部下のせいにしたり、他部署の協力不足にしたり、酷いのは「想定外」だったと逃げたりするリーダーは存在自体が百害あって一利なしです。

いつも現場で必死に頑張っているのは部下たちです。

リーダーと部下の信頼関係が本当にできていたら失敗を部下のせいにできる訳がありません。

責任をとれるか取れないかは、そのような窮地に陥った時にリーダーに覚悟があるかないかです。頑張って自分についてきてくれた部下たちを、体を張って守るためには覚悟が必要です。

東日本大震災の時もそうでした。御嶽山噴火の災害の時もそうでした。自然災害が生起した時、日本人は人が変わったように他人への思いやりや絆が強くなります。これは自然への畏敬に対して日本人の心の深層にある覚悟の精神が発露し、自己犠牲や他人への思いやりの心が強くなるのだと思います。

このような日本人のリーダーが部下をかばう覚悟ができないはずがありません。戦後このようなリーダーが豊富に存在したから日本企業は世界に類をみない強さを発揮し、発展できたのだと心底から思っています。

リーダーは、常に指揮官先頭・率先垂範で最前線に立つ。指揮官が先頭に立つと後ろの部下チームの士気と活力はみなぎるものです。

これは軍隊においても民間企業においても変わらない真理だと思います。

第四章
強い組織の作り方

個々の力が向上すれば組織の力が向上する

人の育成、教育について民間企業の状況を見ていると、ビジネスマナー等の基本的な教育は入社教育で、基本的な管理業務は管理者講習で実施し、社員個人の人間力の育成は個人が個人に投資して自分のためにやるものだという考えが主流である印象を受けています。会社の業務に必要なスキルだけは会社で教育するが、その他の教育は自分で行うという考え方であるとも言えます。

果たしてそうでしょうか？

これこそ、会社の上司が部下を育てない現状につながっているように思います。

組織の中の人を育てて、個々の力が向上することで組織全体の力が向上するものです。

このためには、上司が部下を育てる責任があるという認識をしっかり持って、日々の勤務の中で指導し、教育して育てることです。

そして、教育はただ単に仕事のやり方のみでなく、ものの考え方も教育すべきです。人を育てない組織は決して強くはなりません。

組織の強さは組織を構成する人そのものの強さです。

「社会貢献」を働く目的とする集団は強力な力を発揮する

人は何のために仕事をするのでしょうか？

新聞、雑誌等で各種のアンケート調査が行われていますが、その結果はほとんどが、食べるため、家族のため、豊かな生活をするため、自己の充実のため、社会貢献のため等の理由が上げられています。

ビジネスとプライベートを明確に区分し、ビジネスは厳しいもの、よって頑張って早く稼いで老後を優雅に暮らすという考え方が一般的な西欧的仕事観であるように思います。

しかし、日本人はそうは思っていないのではないでしょうか？

仕事は一面辛いこともあるが、喜びや充実感、生き甲斐を感じられる貴い行為であり、世の中に尽くすためのものであると考えられてきました。

従って、各社の創業理念にも「社会貢献」の目的が掲げられています。

これらは、和と共栄を大事にする日本人の価値観から起こる労働観でもあると思います。

仕事によって自分自身が成長し、世の中の役に立てる。

職業の種類を問わず、日本人は朝から晩まで働き続けました。

自衛官も自衛隊という職場を選択し、自分の命をもかけて日本を守るという究極の社会貢献集団です。

「社会貢献」を働く目的とする集団は自衛隊であれ、会社であれ、強力な力を発揮します。

災害時に救助に向かった驚くべき任期制隊員の士気と志

前にも述べましたが、任期制隊員とは三年の期間限定の契約社員的な隊員です。

彼らは三曹昇任試験に合格しなければ、基本的には任期満了となり退職しなければならない、いわば契約社員的な立場です。

それなのに彼らの責任感、使命感、行動力はすばらしく、「今時の若者」はという感覚は微塵も起こりません。

陸上自衛隊のある部隊が災害派遣に出発する装備点検の際、隊員のリュックに個人装備には指定されていない赤ちゃん用の粉ミルク缶とオムツがあったそうです。隊長がこれは何か？　誰が使うのか？　と質問したら「自分が使います」と答えたそうです。しかし、これは被災地に着いたとき、赤ちゃんがいたらすぐにミルクを飲ませてあげられるようにという隊員の気持ちの表われだったのです。

災害派遣で困っている被災者の救助を経験するたびに、このような若い隊員が増えると聞きます。

海上自衛隊のソマリア海賊対処の部隊ではこういう話がありました。

二〇代の若い隊員がソマリア沖の海賊対処行動に従事中、五〇歳代の父親が仕事中に車の事故で死亡されたという知らせが届いたそうです。

艦長や部隊指揮官は、若い隊員だから帰国させるべきと決心し、本国や現地の大使館と調整を開始したそうです。ところが当該隊員は帰国を拒否し、「父はソマリアに出発する私を誇りに思っている、と肩をたたいて見送ってくれたのだから任務が終わるまでは帰らない」

と言ったそうです。

上司がその旨を含め母親に相談したところ「使ってやって欲しい」という返事で、そのまま現場に残り任務についていましたが、ある日突然姿が見えなくなりました。全員で艦内捜索をしたところ、乗員は通常は入らない奥の船倉で一人号泣していたそうです。仲間に見られないように奥底の船倉に行ったとのことでした。

海外に派遣されている護衛艦が長期の任務を終えてシンガポールに入港し、あと一週間で日本に帰れる状況下、フィリッピンで大地震、大津波が起こり、帰国中途の部隊は反転し災害派遣に向かいました。災害派遣用の救助器材等は本格的に準備せずの展開です。

このような時も任期制隊員たちは自ら動き若者らしいアイデアを出し貢献してくれます。警察官や消防士は最初は場慣れや教育のためにご遺体に接する機会があると聞きますが、自衛隊の若い隊員はそのような教育もなく、即現場です。ボートでご遺体を発見すると時間が相当経過していて少しの力でも体が損傷する可能性がある場合など、目の細かいネットを準備し慎重に収容するのが若い隊員です。そしてこのように丁重にご遺体を収容するのは海上自衛隊だけだと聞きます。

護衛艦のチーム力をつくる「自衛官の五つの心構え」

昭和三六年六月二八日に制定された自衛官の心構えがあります。

……………中略……………

日本国民は、人類の英知と諸国民の協力により、世界に恒久の平和が実現することを心から願いつつ、みずから守るため今日の自衛隊を築きあげた。

自衛隊の使命は、わが国の平和と独立を守り、国の安全を保つことにある。

自衛隊は、わが国に対する直接及び間接の侵略を未然に防止し、万一侵略が行なわれるときは、これを排除することを主たる任務とする。

自衛隊はつねに国民とともに存在する。したがって民主政治の原則により、その最高指揮官は内閣の代表としての内閣総理大臣であり、その運営の基本については国会の統制を受けるものである。

自衛官は、有事においてはもちろん平時においても、つねに国民の心を自己の心とし、一身の利害を越えて公につくすことに誇りをもたなければならない。

自衛官の精神の基盤となるものは健全な国民精神である。わけても自己を高め、人を愛し、民族と祖国をおもう心は、正しい民族愛、祖国愛としてつねに自衛官の精神の基調となるものである。

われわれは自衛官の本質にかえりみ、政治的活動に関与せず、自衛官としての名誉ある使命に深く思いをいたし、高い誇りをもち、次に掲げるところを基本として日夜訓練に励み、修養を怠らず、ことに臨んでは、身をもって職責を完遂する覚悟がなくてはならない。

①使命の自覚

(1) 祖先より受けつぎ、これを充実発展せしめて次の世代に伝える日本の国、その国民と国土を外部の侵略から守る。

(2) 自由と責任の上に築かれる国民生活の平和と秩序を守る。

②個人の充実

(1) 積極的でかたよりのない立派な社会人としての性格の形成に努め、正しい判断力を養う。

（2）知性、自発率先、信頼性及び体力等の諸要素について、ひろく調和のとれた個性を伸展する。

③責任の遂行

（1）勇気と忍耐をもって、責任の命ずるところ、身を挺して任務を遂行する。

（2）僚友互いに真愛の情をもって結び、公に奉ずる心を基とし、その持場を守りぬく。

④規律の厳守

（1）規律を部隊の生命とし、法令の遵守と命令に対する服従は、誠実厳正に行なう。

（2）命令を適切にするとともに、自覚に基づく積極的な服従の習性を育成する。

⑤団結の強化

（1）卓越した統率と情味ある結合のなかに、苦難と試練に耐える集団としての確信をつちかう。

（2）陸、海、空、心を一にして精強に励み、祖国と民族の存立のため、全力をつくしてその負託にこたえる。

この五つの自衛官の心構えを約三カ月の教育で習得して部隊に着任し、士官、下士官と役割を見事に分担して活躍する任期制隊員に敬意を表せずにはおられないチーム力、これが海上自衛隊護衛艦のチーム力です。

良き部下とは自ら考えて行動し自己の使命を自覚するもの

海上自衛隊では現在自分は誰の指揮下に入っているのか、ということを常に考えて行動させます。そのために大きな作戦の指揮官からボートの揚げ降ろしのような小さな作業の指揮官まで作戦、作業の大小にかかわらず、この作戦、作業に関して○▽が指揮を執ると宣言します。これは指揮を執っている人、指揮下に入っている人を明確にするためです。

では、「良き部下」とはどのような部下でしょうか？
ただ言われたことを実行するだけの部下は良き部下とは言えません。
良き部下とは、自ら考えて行動する部下です。何を考えるのか？
まず考えることは、上司が望んでいることは何か？
上司は何のために、何をしようとしているのか？

自分は上司にどのようにして貢献できるのか？

良き部下はいつもこれらを自問自答しながら仕事をすることができる人です。

これはまさに先に述べた自己の使命を自覚できることです。

人は組織全体の目標実現の中に自分の仕事の意義を見出した時に初めて実力が出せるものです。そしてこれには上司に対する信頼感と尊敬の念が必要となります。

若い幹部には全責任を持って自ら調査し、考え、最適行動方針を決定し示すよう教育する

護衛艦の当直士官は、艦長の命を受けて艦の航海や艦内業務の実施を指揮する士官です。つまり、航海に関しては当直士官が面舵等の号令を出して艦の進路や速力の変更を行います。ただし、当直士官は事前に許可されている場合や、委任されている以外は勝手に針路や速力の変更はできません。

艦長が休憩室で仮眠している場合でも、直接電話して進路や速力の変更を上申して許可を得なければ針路・速力の変更もできません。

当直士官が艦長の許可を得る余裕がなかったり、或いは勝手に変針、変速した場合、先に説明したように艦長は絶対感性により仮眠していても少しの異常な揺れ、或いは艦内空気の異変に気付いて目覚め、すぐに艦橋に上って行き、当直士官は大目玉をくらうことになります。

大目玉で済めば良いが、このような場合は衝突の危険があるような危機的状況に陥りつつあることが多いものです。

それではここで、護衛艦が航海する時の艦長と当直士官で日常的にみられるやり取りを紹介します。

このやり取りは護衛艦の艦橋ではごく自然な光景であり、常に考えさせる指導、使命の分析のための連続情勢判断の鍛錬の様子が理解できると思います。

例えば、艦が航海中、右前方約一五マイル（約三〇㎞）に船舶をレーダー探知し、このまま行くと相手船が自分の直前を横切るか衝突する可能性のある状況です。

当直士官：「艦長！　右前方約一五マイルに衝突コースの目標を探知しました。右に五度変針して避けます」
艦長　　：（返事もせず、顔も動かさない）
（当直士官の判断は不適切であり、艦長は返事すらしないと認識する）
当直士官：「このまま行きます」
艦長　　：（返事もせず、顔も動かさない）
（当直士官は艦長が頷きもしないことは、早く次の策を考えろとの指示と認識する）

時間が経ち、相手船との距離が約一〇マイル（約二〇㎞）となり、双眼鏡で視認した。
当直士官：「艦長！　目標を視認しました。目標は大型タンカーです。右に一〇度変針して左舷対左舷で航過します」
艦長　　：（依然として返事もせず、顔も動かさない）
（当直士官は、なぜ艦長が納得しないのか、時期が早いのか、変針角度が小さいのか必死に考える）

更に時間が経過し目標との距離が約五マイル（約一〇㎞）となる。

当直士官：「艦長！　右前方の目標との距離が五マイルとなりました。右に大きく変針して目標をかわして元の進路に戻します」
艦長　　：「何故か？」
当直士官：「大きく右に変針し、相手船に本艦が避航する意図を認識させたのち、徐々に元の進路に戻します」
艦長　　：「よろしい」
当直士官：「面舵を下令し変針して避航します」

もちろん、当直士官が許容範囲内で適切な判断をできなかった場合は、艦長は「右に大きくとれ」等の指示を出します。

海上自衛隊の護衛艦では、このように特に若い幹部には常に考えさせ、自ら行動させる指導を行います。

そして、この指導を反復することにより、取るべき最適行動方針の選定と状況が変化した場合の腹案（代案）を常に考える習慣が身に付きます。

海上自衛隊の幹部（士官）には、日常のいかなる業務においても、小さな一部門の業務であっても、上司に対して「どうしましょうか」等の無責任な態度は決して許されません。小さな部門の初任の幹部（士官）でも自己の部門の行動に関しては全責任を持って自ら調査し、考え、最適行動方針を決定し、「こうします」という明確な方針を示す躾が徹底的になされます。

このような思考過程を踏むと意思決定に時間がかかるのではないかと心配される方もおられますが、そういう思考過程、行動プロセスが定着すると、このプロセスを瞬時に行うことができます。そこで状況の変化に対しても連続的かつ論理的に、しかもリアルタイムに行動方針や代案を考えることができるようになります。

心のこもった元気な挨拶と暖かい人間関係が強い組織をつくる

民間企業で数年働いていて、とても気になっていることがあります。それは職場での挨拶の声が小さく、心に響かないことと、人間関係です。

人間関係については、同じパートやチームの間でも妙によそよそしく、他人行儀で、余りにもお互いに気を使いすぎていることです。これはセクハラやモラハラを恐れてのことでしょうか？　それとも個人情報を尊重し過ぎて、個人的なことには極力踏み込まないという風潮が出来上がっているのでしょうか？

家族のような暖かさがあり、思いやりのある人間関係の中に厳しさがある。……そのような組織が強いと思います。

そのためには、まず、心のこもった元気な挨拶とアットホームな暖かい人間関係を築くことです。

ある少女に学んだ挨拶の力

私は自宅を出て、朝六時四〇分のバスで出勤するのが日課です。

小学一年生の少女が、早朝のバスにとても大きな声で「お早うございます」と挨拶して乗り込んできます。そして、降りる時も大きな声で「有難うございました」とお辞儀をして降りて行きます。

最初は今時立派な躾をする親もいるものだと感心していました。

バスの運転手も最初は戸惑っていましたが、そのうちに少女に「お早う」と返し、そして少女の降りる時の挨拶に対しては「はーい」とか「行ってらっしゃい」と返すようになりました。

そして明らかにその少女の影響ですが、運転手は乗車してくる他の客に対しても「お早うございます」と言って迎えるようになりました。

運転手は毎日変わりますが、全ての運転手が同様の経過を辿りました。

そして運転手によっては多くの乗客が降りる駅前のバス停で「行ってらっしゃい」と声をかけるまでになりました。また早朝の出勤で無言だった乗客もその少女に「お早う」「行ってらっしゃい」を返すようになりました。

朝のバスは乗客の顔ぶれはほとんど変わりませんが、その少女を中心としたほのぼのとした連帯感が生まれる空気を実感し、とても清々しい一日の始まりとなりました。この空気は、私が幼い頃に感じていた日本のどこでも見られる普通の空気であったような気がします。

反面、信号のない横断歩道でバスが止まっても、ゆっくりと我が道と言わんばかりの態度で歩く若者や大人たちも最近は目立つようになってきました。

朝の通勤バスのこの少女の挨拶は、一つの清々しい挨拶や思いやりが相手の心を満たし、満たされた人は更に他の人の心を満たし、全ての人がそのバスに乗って良かったと思う感謝の気持ちの連鎖が起こることを実感させてくれました。

護衛艦の洋上の挨拶

洋上で護衛艦同士がすれ違うときは、護衛艦に乗艦している艦長や司令の後任者から先任者にラッパを使って「気をつけ！　敬礼！」と敬意を表する礼式があります。すれ違いの敬礼と答礼だけでは味気ないので、手旗や発光信号（モールス信号）で「お早うございます　本艦補給のため佐世保に進出中です」などと挨拶を送るのが慣例となっています。

しかし、例えば「お早うございます　本艦補給のため佐世保に進出中です」という挨拶だけでは許されず、一句つけるのが日本海軍からのしきたりであり、海上自衛隊の艦隊には現在でも引き継がれています。

次の一句は親しい同期の艦（護衛艦「きりさめ」）が佐世保を出港、私の護衛艦が佐世保に入港のため佐世保港外ですれ違う時に交わしたものです。

本艦から：

「お早うございます。本艦補給のためS（佐世保）入港
　きりさめの　マストにうなる　指揮官旗　つわものどもの　雄叫びか」

相手艦からの返信：

「お早うございます。本艦修理地回航
　夜の帝王　申し継ぎもせず　ボトル干し　マストの旗も　二日酔い」

横須賀から大湊（青森県むつ市）に帰投する護衛艦宛て：

「雪深き　釜伏山の　下北に　春を土産に　帰りなん　//ご安航を祈ります！」

このように護衛艦同士は洋上での挨拶を交わします。

句の出来栄えは拙劣であっても、相手や自然の美しさに思いを致す日本本来の精神でも

あります。これもまた、日本海軍から継承している粋な伝統です。

基本動作は形状記憶ができるまで繰り返して行わせる

私は自衛隊退官後の再就職で、民間企業の人財学校長として毎年一〇〇名の新入社員教育で約一週間の泊まり込み研修を実施していました。

最初は挨拶とお辞儀、気を付け等の基本動作を心のこもった発声や動作ができるまで徹底的に行います。

これらの基本動作は形状記憶ができるまで繰り返して行わせます。そうすると自然と形ができ、気づき、そして自分のものになります。

研修所の食堂で、「入ります」「お早うございます」「ごちそう様でした」等の挨拶を大きな声ときびきびした動作で実践させると、食堂の賄いのおばさん達から「頑張ってね!」とか「あなたたちの挨拶を聞くと私たちも元気がでるわ」などと返事が返ってくるようになります。

この時点で新入社員たちは挨拶の効用を認識し、自分のものにします。

朝は「今日も頑張りましょう！　よろしくお願いします！」という気持ちを込めた「お早うございます」、外回りに出かける時は「頑張ってくるぞ」という気持ちを込めた「行ってきます」、周りの同僚は「気を付けて、頑張って！」という気持ちを込めて「行ってらっしゃい」。

このような気持ちの込もった挨拶の溢れる組織は明るく活気があり暖かい組織です。

いざ、仕事に臨んで厳しいプロ集団に変貌するアットホームな人間関係の職場

職場の人間関係を見ていると、プライバシーの保護を前面に立て過ぎていると思います。お互いに家族等については知らないことが人格を認めていることだと言わんばかりです。

昔は先輩や同僚の家に呼ばれたり、家族同士でキャンプに行ったり、引っ越しを手伝いに行ったりしてお互いの家族も親しい付き合いをしていました。

最近の家族同士の付き合いは本当に親しい友人の間に限られているように思います。何故でしょうか？

職場の仲間はライバルであり、敵とでも思っているのでしょうか？

それとも家庭のことは職場に持ち込んではならないと思っているのでしょうか？

一事が万事、これでは組織の強い人間関係の絆ができるはずはありません。

暖かく思いやりがあるアットホームな人間関係が、いざ仕事に臨んでは厳しいプロ集団に変貌する。このような集団が困難な時ほど強力な組織力を発揮して問題を解決することを海上自衛隊勤務中に何度も経験しました。

自衛隊であれ会社であれ、職場は戦場の中の砦《とりで》です。砦では戦士の厳しい訓練もしなければなりません。また、傷ついた人を癒し、鋭気も養わなければなりません。

それがアットホームな砦です。


例えばチームの女性社員の子供さんが保育園で急に熱を出したとか、保育園の終業時間が迫り、子どもを迎えに行かなければならないが仕事で手を離せないような状況は多々起こります。このような時、困っている同僚の家族と面識があれば、手の空いてる同僚が行ってあげたり、手伝ったりすることもできます。

このようにアットホームな関係で最強の力を発揮できるのが日本のチームではないでしょうか？

物質的に満たされている現在の日本人は、逆に精神的な欲求が強いと感じています。日本人は楽しいこと、嬉しいこと、ワクワクすることを探し求めています。

これからの組織は楽しい、ワクワクするような雰囲気の職場で、職場に行くのが楽しいと思える雰囲気でなければ強い組織はできません。

厳しい中にもユーモアのある海軍

旧日本海軍においては、「ユーモアは一服の清涼剤」とか「ユーモアを解せざるものは海軍士官の資格なし」とまで言われ、ユーモアや洒落（駄洒落）、夜の遊びの隠語が使われていました。そして、その伝統は海上自衛隊に確実に継承されています。

護衛艦に一人や二人は駄洒落を頻発する名人がいて場を和ませてくれます。

海軍のユーモアは海の男ばかりの殺伐とした艦内生活、艦隊勤務特有の長期行動のストレス解消法として生まれた智恵ともいえます。

私も艦内一般公開等で艦上を案内するとき、舷側に装備されている救命いかだを説明する際、

「これは救命いかだで艦が沈没したら自動的に開いてフード付きのいかだとなります。これには何人乗れると思いますか?」

とよく質問していました。皆さんはほとんどが一五名とか二〇名と答えます。私がこれは九名しか乗れないんですよ、というと、えーっ、たった九名ですかと驚かれます。そこで私は答えます。

「はい、これは九名(救命)いかだです」

これは、質の低い駄洒落ですが、このように艦艇乗員はユーモアを好みます。笑いのある組織でなければ強くなりません。

「スマートで目先が利いて几帳面、負けじ魂これぞ船乗り」

このスマートには、ユーモアを解する粋な船乗りという意味も含まれています。

旧海軍の先輩たちも驚く有名なユーモアが海上自衛隊にもあります。

二〇〇七年七月四日、海上自衛隊の練習艦隊はアメリカ独立記念日を祝う観艦式に参加のためニューヨーク港に入港しました。観艦式には世界各国から艦艇約七〇隻が集結していました。

翌五日にイギリスの豪華客船クイーンエリザベス号も入港してきましたが、ハドソン河の流れに押され、係留中の海自練習艦「かしま」の艦首部分に接触してしまいました。クイーンエリザベス号から直ちに、船長のメッセージをもって機関長と一等航海士が謝罪に「かしま」にやってきました。

相手の謝罪に対して「かしま」艦長はこのように答えました。

「幸い損傷も軽かったし、別段気にしておりません。それよりも女王陛下にキスされて光栄に思っております」

これが大評判になり、集結していた世界の海軍艦艇はもとより、ロンドンにも伝わって「タイムズ」や「イブニング・スタンダード」も、日本の海軍士官のユーモアのセンスを絶賛したと聞いています。

このようにユーモア精神は今でも海上自衛隊に引き継がれています。

この艦長は私の一期先輩で、さもありなんという立派な方であり、また当時の練習艦隊司令官は私が現役時代最も尊敬し、身命を賭してついて行きたいと思っていた先輩でした。

護衛艦艦長時代の暖かいチーム作りの経験

私は艦長在任時、部署間の垣根を越えて交流して信頼関係を築かせるため、艦のスポーツ大会やボーリング大会、釣り大会、カラオケ大会等を数多く計画しました。

これらのイベントは他部門との交流が相互に進展し、艦全体の絆が強くなることを海自の勤務で実感しました。

また、次の二つの事例はチーム作りを意識して行ったことではありませんが、結果的に思いがけない効果を得たので紹介します。決して自慢しているのではありません。艦長にとって部下は皆子供であり、兄弟という意識が自然とそのようにさせたもので、海上自衛隊の艦長は誰でも同じようにします。

事例一　部下の御両親への対応

新入隊員が教育隊での教育を修了する時、多くの親御さんが終業式に参列されます。

また、護衛艦が一般公開等で地方の港に入港すると、地方出身者のご家族や親類の方々がよく艦を訪問されます。

ご両親は手塩にかけて育てた息子の職場が護衛艦というと大変な世界で苦労するだろう、いじめられないだろうか、やっていけるのだろうかと心配されていました。

このような時は私の手が空いておれば、艦内を案内しご子息が生活し勤務する場所、就寝する大部屋の部屋とベッド、そしてご子息を厳しく指導する上司や先輩を紹介し、護衛艦の勤務は厳しいが、仲間や上司は皆兄弟みたいに仲が良く、見守ってくれますので安心して下さい、と言っていました。

ただ単にこれだけの配慮で、結果的に御両親を巻き込んでの部下の親身な心情把握ができる結果となります。また、艦長自ら上司や先輩が実のお兄さんみたいに可愛がってくれますと言うと、上司や先輩たちはその通りになるのも驚きでした。

事例二　艦長の実家での五〇人宴会

艦長として着任し最初の行動は約一カ月の長期行動でした。そしてその終盤の寄港地が鹿児島県鹿屋市の古江港でした。海自鹿屋航空基地でのエアーメモリアル行事支援のための入港でした。古江港は錦江湾の南東側にある小さな港で私の実家の近くでした。入港といっても古江港は護衛艦が横付けできる岸壁がないため、港の約二〇〇〇m沖での投錨です。一泊の予定であり、また飲食街のある鹿屋や垂水の町までは遠くて乗員の休養もできないと思い、私の実家（垂水市新城）に士官だけを呼んで一席設けようと思っていましたが、海士まで声をかけたところ、五〇人以上の希望者があり大変なことになりました。

実家の母には焼酎だけの準備を頼み、宴会が始まりました。

途中、錦江湾の風波が高くなって内火艇（艦搭載のボート）の運行ができなくなり、用意していたつまみ等も運べず、母と弟夫婦には大変迷惑をかけてしまいました。それより大変なことは五〇数人が艦に帰れなくなり、ホテルや旅館も遠く皆で雑魚寝を覚悟していたところ、近所の親類や知人の協力が得られ何とか全員が宿泊することができました。

この経験は、偶然にも五〇数人が一緒に飲み、語り、一緒に宿泊までして、社員旅行とは異なる一種独特な経験でした。

このハプニング以降、艦内は一気に家族的になり、活気が出て、暖かい人間関係の雰囲気がみなぎるようになり、乗員の顔色が変わり輝いていったことに驚きました。

約一カ月の長期行動のせいか、若い乗員たちは田舎そのものの私の母を自分の母親とダブらせて喜んでいたようで、何人かは母にお礼の手紙を書いたようです。

また、宮崎出身の隊員などは、正月の帰省の途中で実家に寄って私の母を「お母さん」と呼び、土産を手渡していたという話も母から聞きました。

人の成功、大成に最も影響を及ぼす要因は「集団の力」

人の成功、大成に最も影響を及ぼす要因は何でしょうか？

知識？

経験？

お金？

あなたは何だと思いますか？

米国のハーバード大学の教授が約二五年間にわたり調査したそうです。

人の成功、大成に最も影響を及ぼす要因、それは「集団（仲間）」だそうです。

私も海自の長い勤務を通じてその通りだと確信しています。

私は高校時代は鹿屋高校で柔道部に所属し、それなりの強さの二段でした。しかし高校三年時の県大会で強豪校に一回戦で敗れました。

「はじめ」で組んだらまず畳の目を見よ、畳の目が見えたら落ち着いているので自信を持って技を掛けよ、と祖父に柔道の試合に臨む心構えを指導されていました。

高校最後の県大会もその姿勢で臨みましたが、畳の目を見ようとしたら天井が見えました。

そうです、組んだら畳の目を見る暇もなくすぐに投げられていたのです。

私の高校は、大隅半島随一の進学校でしたが体育の部活も盛んな学校でした。

部員は一五名程度でしたが、強い人は強く、弱い人は弱く、それなりの人はそれなりと言ったところで、個人技量は徐々には向上していましたが、県大会で上位に勝ち進むような柔道部ではなかったように思っています（鹿屋高校柔道部の先輩、現役の皆様ごめんなさい）。

防衛大では少林寺拳法部でした。防大の少林寺拳法部は昭和四五年当時では同好会でしたが、部員は一〇〇名を越えていました。そして関東大会や全日本大会では常に優勝を競う強豪チームでした。強いクラブに入り、仲間と同じように練習していると自然と強くなっていきました。このように、私は普通の運動部と当時日本一の強い運動部を経験しました。クラブの雰囲気がそのままチーム員の意識となります。

普通のチームには普通の意識、つまり全力を尽くせばそれで良しという意識があり、強いチームには強い意識、つまり絶対に勝つ、絶対勝てるという意識があります。

普通の意識と強い意識はそのままチーム全員の意識となります。

その意思が練習にも表れて強いチームができている。

このように集団には「場の力」があります。

集団は時間の経過とともに同化し、態度、行動、話し方、服装まで似てくるような印象を持っています。

そもそも、組織を作る目的は凡人に非凡なことをさせることです。

得意不得意を併せ持った人たちが、その得意な部分を出し合って一人では到底できないような偉大なことをする。これが組織の強さです。

「部下の責任は全て、上司の責任」の覚悟こそが部下の信頼を得る

部下の失敗は全て上司の責任、これは真に部下を統率するために必要な覚悟です。

しかし、人間誰でも自分の保身を考えます。保身を考えると責任の転嫁や言い訳に思考が集中します。そうなると迅速で適切な事後処置にも悪影響を及ぼします。

大きな事故や失敗になればなるほど全ての責任は自分がとるという覚悟が必要です。私は艦長として訓練中に部下を負傷させ、ヘリコプターで陸上の病院に緊急輸送した経験があります。

精鋭の護衛艦隊群に旗艦として参加した、重要船舶の護衛訓練中の洋上給油での事故でした。

護衛艦は陣形を組み直して一隻ずつ洋上給油を受けます。

私の艦は給油の一番目となり準備を始めました。

給油のための準備作業は甲板上に多くの乗員が出て行います。

当時の海上模様はうねりも高く甲板上の作業員に波、飛沫がかかる恐れがありました。

このため、スピードを落として作業を開始させました。

最初は全く波、飛沫はかからず、順調に経過していましたが、時間が経つと艦の前後の動揺が徐々に大きくなって危険な状況になり、危険を感じて作業員の退避を指示した直後に艦首が海面に突っ込み大きな波をかぶり、乗員一人が負傷しました。


このような事故に際しては、護衛艦は処置が終了したら速やかに事故速報を発信します。事故速報は担当の幹部が現場の指揮官等と調整して事故の状況、原因等を起案します。彼らが起案した事故原因は、甲板にいた直接の現場指揮官の監督不十分、事故者の不注意、となっていました。

私は事故原因を「艦長の情勢判断不適切」と書き直して、これをすぐに発信せよと命じましたが、部下の士官及び先任海曹たちが電報の起案文を再度持ってきて、この事故は艦長の責任ではありません、原因を修正して下さいと嘆願してきました。

気持ちはありがたいが、あの荒天下でスピードを落とせば波をかぶらず安全に作業が出来ると思っていた。しかし、スピードを落としたためにうねりの周期と動揺がシンクして艦首を突っ込むとは全く想像もしていなかった。これは私の経験不足と未熟により予測できずに起きた事故であり、この通り発信せよと命じたのです。

事故速報の電報を発信して驚いたことは、「艦長はあの事故は艦長の責任だと報告したらしいぞ」という話が五分後には艦内に広まっていたことです。

仮に責任を回避して想定外の状況とか部下の技量未熟と報告したら、それも瞬時に部下には伝わります。そのような上司を部下は信頼せず、ついては行きません。

「部下の責任は全て上司の責任」の覚悟こそが真に部下の信頼を得ます。

そしてその覚悟があれば心に余裕をもって事故の事後処理もできるものと思います。

第五章

部下の心を掴む方法

愛情がなければ部下の心には響かない

人間は褒められると、やる気のスイッチが入ります。

子供の頃、お母さんに褒められると嬉しくて、更にお母さんに褒められるように頑張ろうと思った経験は誰でも持っておられると思います。

突き詰めて考えれば、人間は誰かに褒められたくて頑張るのではないかとも思われます。ましてや職場で尊敬する上司や社長に褒められたら、やる気のスイッチがバチーンと入るのは間違いありません。

上司が部下を褒めるということは、上司の喜びや賞賛を表明することであり、褒められた部下は当然喜び、大きな励みとなります。また部下の自発的な行動を更に助長させ、その結果、本人の成長はもとより組織力の向上へとつながるのは明白です。

しかし、何でもただ褒めれば良いというものではありません。部下を育てる親身な気持ちと愛情がなければ、褒めても部下の心には響きません。

人間は第六感（直感）で相手の心を読み取っています。第六感は人間の本能です。私は海上自衛隊現役時代、艦長、司令等の配置で数多くの部下隊員と勤務しました。部下が上司の心を読み取る感性は非常に鋭いものです。

私の経験で自信をもって断言できることですが、上司が部下を見て、こいつは素晴らしい奴だと思えば、部下は必ずこの上司はいい人だと思います。逆に、上司がこいつは生意気そうだとか嫌な奴だと思えば、部下は一〇〇％この上司は嫌いだと思います。

上司が部下を褒める場合も、上司に下心があるのか、上司が本当に喜んでくれているのか、部下は瞬時に感じ取ります。

部下を褒めることは、部下のやる気を引き出す意味でも、上下の信頼関係やチーム内の雰囲気を良くするうえでもとても効果的です。

★どのようなことを褒めれば良いか？

仕事に関しては、仕事を成し遂げた時、仕事の成果が上がった時、報告の時期や要領、仕事の手順が良い時、状況の変化に対して柔軟に対応できた時、個人的な自己啓発努力により能力が向上した時、等々、特別な行為や努力したことを具体的に褒めることが重要です。

また、個人の良い性格や特技、技能の向上などを褒める場合は、本人が自身で気づいていないところを褒めてあげると効果は抜群です。

★どのような基準で褒めたら良いか？

褒めるための判断基準は、他者との比較で行う相対評価と、個人の過去と現在の成長を比較する絶対評価の二通りあります。

他者との比較で行う相対評価の場合は、本人のやる気と組織貢献欲は更に強くなり、また他のチーム員にも刺激を与え、組織の活性化にも繋がります。

個人の成長を褒める絶対評価の場合は、本人のやる気と成長意欲は更に強くなり、自信の向上に伴って組織への貢献度も向上します。

★どのような時機、場所で褒めたら良いか？

褒める時機は、その都度または皆が集まる朝礼、ミーティング等でなるべく早い時期に行うのが効果的です。

褒める場所は、その場所か皆が集まる機会に全員の前で褒めるのが効果は大きいのです。

ただし、明らかに他のチーム員も納得できる内容でなければ、えこひいきと取られたりして他のチーム員のやる気が喪失する場合もありますので、誠心誠意、客観的に見て妥当な褒め言葉でないと逆効果となります。

★高度な褒め技法

上司が部下を褒めるよりも、上司のその上の上司等の評価を伝える方法も極めて効果があります。

例えば、課長が課員の前で「○○君は……ここがすごい、ここが立派だと、社長（部長）が褒めていたよ！　課長の私も誇らしかったよ！」などという褒め方も推奨します。

このやり方は私が海自艦長時代によく使っていた方法です。

艦長が直接担当者を褒めないで、担当者の上司に「彼はこんなところがすばらしいね！艦長が褒めていたと伝えてくれ！」と指示をします。すると上司も一体となって褒めて喜びます。

この方法はそれぞれのチーム員のみならず、リーダーもやる気を起こし、チーム力が向上するのを何回も経験しました。

叱り方――相手をより良くしようとする注意やアドバイス

最近叱る上司が少なくなりました。特に五〇代六〇代は叱られて育ち、先輩の技量を見取り稽古で必死に盗んだ世代ですが、逆に「叱る」ことは苦手のようです。

叱るとパワハラ、モラハラ、セクハラと思われたり、チームの雰囲気が悪くなったり、部下に嫌われるのではないかと躊躇しているような印象すら受けています。しかし組織の健全性や向上性を維持するためには叱責は必要です。

自分が指示したとおりに動いてくれなかったり、悪い結果や影響を与えたりした場合に、腹をたてて感情をぶつける動作が「怒る」ということです。

一方「叱る」とは、自分が指示したとおりに動いてくれなかったり、悪い結果や影響を与えたりした場合に、相手をより良くしようとする注意やアドバイスを、あえて声を荒げたり語気を強めたりして相手に伝える動作です。

人間は感情の生き物です。「怒るな」と言われても難しいです。

相手が対等の立場だったら怒ってもいいと思います。ただ、感情的に怒るとかえって逆効果になる場合も多くあります。

相手がもし部下だったりかわいい子どもだったりする場合は、感情的に怒る前に一呼吸おいて考える。そしてこれが「相手のためになるように叱るにはどうすればいいか」を考えるようにすれば、相手のやる気を損ねることなく、より効果的に自分の気持ちを相手に伝えることができるようになります。

★マナー違反やルール違反について

マナー違反やルール違反については徹底して叱る必要があります。

この場合は怒っても良いし、逆に怒るイメージで叱らないと効き目はありません。叱らず放置すると組織は崩壊してしまいます。適当な叱り方、いい加減な叱り方は、叱責自体を軽く見られ効果はありません。逆に百害あって一利なしであり、徹底的に叱る必要があります。

なお、この場合は違反のデメリットを理解させ、基準や指示命令の重要性を併せて理解させることが重要です。

★仕事の進め方の不具合や失敗、ミスについて

この場合は、仕事の進め方や考え方のどこが不具合なのか、どこが不具合だったからこのような結果になったのかについて冷静に指摘し、反省させ、納得させる叱り方でなければ、相手の反発を招きます。

また、間違っても「だからお前はバカ、ダメ、アホなんだ！」等の人格を否定するような叱り方をせず、事柄（事象）を叱るのが鉄則です。

★叱る場所は？

個人の努力不足等に起因する不具合や個人の癖等による不具合の場合は、その場で指摘して叱責しないと効果はありません。

ただし、部下を持つ上司を叱る場合は、部下の面前で叱ってはいけません。部下の面前で上司を叱るとその上司の自尊心が傷つき、以後のリーダーシップの発揮にも悪影響を及ぼすこととなります。よって、部下を持つ上司を叱る場合は、部下に見えない場所に呼んで叱るのが大原則です。

ただし、チーム員の努力不足も併せて叱る場合は、部下の面前でチーム員に対する指導

力不足も原因に入れた上で叱責すると、チーム全員も反省し、以後の団結と協力へと繋げることもできます。

★相手の性格を考慮した叱り方が大事

他人の評価や周囲の評判を気にするような性格の人を叱る場合は、組織やチームにいかに悪影響を及ぼしているかを強調して叱ると効果的です。

自分の考えに固執したり、自分の殻に閉じこもりがちな性格の人を叱る場合は、相手の考え方、やり方を完全に否定すると反発を招き、更に自分の殻に閉じこもり、叱る効果が得られません。

このような人には分かりやすく、かつ論理的に一緒に考えるような方法でいい聞かせる叱り方をする必要があります。

また、相手の逃げ道を閉ざすと自暴自棄になり逆効果となるため、相手が言い訳に使える逃げ道を確保してあげて叱る必要があります。

珠《たま》磨かざれば光なし

一日の大半を現場で過ごした私の初級幹部時代は、全ての現場がプロになるための学び舎、そして夜に上司やチームの仲間と繰り出す酒場は夜の人生学校でした。

私の父は大正一五年生まれで旧満州の新京大学出身の引揚者で、母は昭和五年生まれで戦争中は鹿屋航空隊の海軍工廠で勤労奉仕としてゼロ戦の通信機整備の手伝いをしていて、特攻機のゼロ戦の通信機に手作りの人形を飾って出撃を見送ったり、米軍のグラマン戦闘機の機銃掃射を何度も経験し、当時の若者と同様に仲間があって自分が生き残れた実体験をしたせいか「結婚するまでは貯金などしないで友達と遊び、多くのよい友達を作りなさい」とよく指導してくれました。

私の二〇代前半は、文字通り百戦練磨の先輩たちに指導され、仕事でも夜の宴席でも昼夜を問わず、様々な失敗や経験により無数の傷をつけられた時代でもありました。

そして自ら積極的に挑戦して失敗した傷は向こう傷として称賛され、自らも自慢していた時代でもありました。私が艦長の時もそのようにしました。今振り返るととても充実した毎日であったと思います。

海上自衛隊の護衛艦は今でもこの伝統を引き継いでいると思います。どのような職業人であれ、仕事に臨んでは、全知全能を傾けて取り組み、そして新たな目標に挑戦しなければなりません。新たな目標に挑戦すると、必ず壁にぶつかり、大小様々な傷を負うことになります。特に大きな仕事やプロジェクトに挑戦する時は特に傷が多くつくでしょう。

これらの傷がまさに仕事におけるテクニカルスキルの向上と人格、徳性としてのヒューマンスキルの向上を導いてくれるものであると思います。

磨くということは多くの細かな傷をつけることであり、目指す自分を思うままに磨きだし、己を実現して行くことこそ人間にとって根元的に重要なことであると思います。昔から「若い時の苦労は買ってでもやれ！」と言われるように、安易な道より困難な道に挑戦した方が多くの傷がつきます。

傷つくことを恐れないことです。職場ではどんなに信頼していても、上司や社長から叱責されると、やはり心は傷つき、自分の努力不足の反省で傷つきます。これらの傷はむしろ自分が磨かれていると感謝すべきです。

傷に直面している時はその傷の痛さ苦しさしかわかりませんが、その傷が過去のものとなった時に自分の成長を実感でき、一段と磨かれ光り輝いている自分に気がつくはずです。「珠《たま》磨かざれば光なし」です。

チーム員の気持ちの盛り上げ方

チーム員の気持ちを盛り上げて動かす方法は二つあります。

心理学上は、人のモチベーションを起動するエンジンには全く性質の異なる二つのエンジンがあると言われています。それはブラックエンジンとホワイトエンジンです。

ブラックエンジンは「やらなければ会社を首になる」とか「失敗したらとんでもないことになる」と言った恐怖や不安を燃料とするエンジンで、一時的に起動されるエンジンであり、爆発的なパワーを出すエンジンでもあります。

他方、ホワイトエンジンは、「社会や誰かの役に立ちたい、誰かを喜ばせたい」という感謝や貢献、ワクワクする楽しみや、この人について行きたい、この人の役に立ちたいという気持ちを燃料とするエンジンで、他人を喜ばせ他人の心を満たすことで自分自身も満足し、幸せを感じるため、お互いに満たされるポジティブなプラスの連鎖が続き、持続性があると言われています。

社会貢献としてのボランティア活動は、まさにこのホワイトエンジンが起動している状態と言えます。

しかし、ブラックエンジンが悪いわけではありません。ブラックエンジンは、爆発的な力を発揮します。火事場の馬鹿力もまさにこのブラックエンジンです。車で言えば、スタートダッシュの時のローギアと経済速力のドライブモードとの違いと考えてもいいと思います。

従って、最初はブラックエンジンで短時間にスピードを上げ、惰力がついたらホワイトエンジンに切り替えて持続性を持たせるエンジンの使い方が最も効果的です。

最初は「これを達成しなければ会社も自分たちも大変な不利益を被る」とか「これをやらなければとんでもないことになる」と言った檄により部下の気持ちを盛り上げ、ブラックエンジンを全開にさせ、走り出したらその目標を達成した時のメリットやワクワクするような楽しい情景をチーム員に共有させ、チーム員個々がお互いにやる気を助長させる雰囲気を作り、ホワイトエンジンに移行させせます。

そして、リーダー自ら率先垂範するか最も効果的な旗振り人間を盛り上げて、チーム全体の雰囲気を前向きにさせることが重要です。リーダーの率先垂範は仕事ができる、できないに関係なく、リーダー自ら率先して取り組むという姿勢がチームを盛り上げる核心力となります。

部下を守る上司、守らない上司

民間企業で驚いたことの一つは、例えば社長や部長が課員の失敗を叱責している時、傍に課長や係長がいても怒られている部下を庇わない、部下の前面に立ちはだかって部下を守らないことです。部下の失敗は上司の責任ということが当然のことと認識している自衛隊の考え方からすると、信じられない光景です。

法令違反をした失敗であろうが、仕事の手順を間違えた失敗であろうが、部下の失敗は上司の指導、監督が不十分であったと認識すべきです。このような責任感を認識できない上司に部下がついていく筈がありません。

部下は、上司が自分を守ってくれる、自分を大事な存在と認めてくれると思えなければついて行きません。

部下が失敗した時に、どのように声をかけるか

部下が失敗した時は、決して頭ごなしに怒ってはいけません。頭ごなしに怒ると、部下は委縮し自信も喪失します。

そして次から、失敗しても報告せず隠すようになります。

このような場合は、失敗した部下が一番反省しているはずです。

原因を執拗に追究するのは逆効果です。

まず部下の話をよく聞いてあげて、何が問題であったかを把握し、その問題点を解決することが大事です。

出来るなら、「誰でも最初は失敗する。あとはここを直せば大丈夫だよ！　挫けず頑張れ！」と言えれば最高です。

部下は自分の上司が責任をとってくれたと反省し、また更に上司を信頼し、二度と失敗しないと必死に頑張るようになります。

部下が失敗した時、そのまた上司にどのように報告するのか

失敗の程度にもよりますが、失敗の事実と原因、会社への影響、今後の処置を速やかに報告する必要があります。

失敗の原因については部下の原因にすることなく、事後詳細に検討して今後に活かすべきです。

そして、失敗した部下の上司として全責任を部下に負わせてはなりません。

部下の失敗は上司である自分の責任です。

上司として指示が不充分であった。

指導・監督が不充分であった。

部下の教育が不十分であった。

これらは上司として当然負うべき責任です。

また、悪い報告ほど速やかに行う必要があります。

悪い報告はなかなか報告しづらく、報告に際しても結論をなかなか言い出せない人をよ

く見かけます。悪い報告ほど速やかに事実を端的に報告する必要があります。

例えば、「大変です。大変なことになりました」だけでもよいから速やかに報告しなければなりません。

悪い報告ほど速やかに会社で情報を共有し、会社の全能力を駆使して対処しなければならないことが多く、処置が遅れればそれだけ被害が大きくなります。


部下の健康状態、精神状態は日々異なります。

会社での仕事の進捗状況や家庭での問題も含め、人の心身状態は日々変わります。

会社に出勤したら私情は捨てよと言っても、表面上は仕事に集中しているように見えても悩みや不安は心の奥に残っています。

人はこのような状態の時によくうっかりミスを起こします。

特にベテランほど、基本的なミスを犯すことがよく見られます。

使命感をどのように植え付けるか

職業人としての使命感は、つまるところ、自分は何のためにこの仕事をしているかという自覚であり、自分がこの会社で働く目的、意義を明確に認識することです。

会社には、創業理念と経営理念があります。

創業理念とは、会社の存在目的と存在意義を明確にしたものであり、経営理念は仕事の価値観、考え方、仕事に臨む姿勢を示したものです。

経営理念の起源をしめしたものがあります。

江戸時代後期に、今日の「大阪商人（商工業者）」の「道」を作った「懐徳堂」という高等学問所がありました。町人が作り運営した学校で、町人たちはここで儒教を学び、収益と道義との関連を追及しました。……これが今日の「信頼を得る」とか「世のため人のため」

という経営理念に発展したと言われます。（「懐徳堂」：岩波書店）」

創業理念と経営理念こそが、その会社で働く目的であり、働いて社会に貢献する意義です。

よって部下に使命感（働く目的＋任務（何をするか））を植えつけるためには創業理念と経営理念を心の底から理解させることです。

そうすることによって同じ理念と志を持ったチームが作られた、強い組織となります。

部下が思うように動かない時考えるべきこと

部下が思うように動かない場合にまず考えなければならないのは、部下が自分の使命（何のために……何をする）を認識していないのではないかということです。

部下が自分の使命を認識しているにもかかわらず部下の動きが悪い場合は、部下が上司を信頼していないか、上司に不信感を持っていると考えるべきです。

部下は信頼できない上司のもとでは自ら進んで仕事をしようとはしません。言われたことしかやりません。

リーダーは部下の態度からやるべきことを理解していないのか、信頼感がなく面従腹背しているのか、或いは悩みや健康状態により元気がないのか、感じ取る力がなければなりません。

部下から信頼されない上司によく見られる性格は、えこひいきがある、人前で怒る、自分の利益の為に仕事をしている等々、リーダーとして問題のある性格の場合が多いです。

信頼されるために一番大事なことは、公平に部下に愛情を注ぐこと、そして、部下にこうあってほしいという自分が、部下にこうあって欲しいという行動を自ら自分の上司に実践することです。部下は上司の姿勢、一挙手一投足をよく見ています。

部下が真似をするような模範をリーダー自ら見せなければなりません。

部下の模範となることが、まず信頼の第一歩です。

これこそ指揮官先頭・率先垂範という海軍の教えです。

先頭に立って動き、みんなを引っ張っていく。

これにより、部下は信頼し、自らも動くようになります。

ひどい人になると、部下の短所や失敗ばかりを執拗に攻め立てる人もいます。部下は、このような上司は信頼するよりも嫌悪感が先にたちます。

リーダーは、このような性格を自らチェックし、修正する能力を持たなければなりません。

自分で直していく。こうした自己浄化、自己啓発のできる人は優れたリーダーになります。これができない人は、リーダーになる資格はありません。

ウソと本心の見抜き方

相手を嘘つきと思ったら人間関係は築けません。基本はいかに相手の良いところを見つけて認め合うかという美点凝視の姿勢でないと良好な関係は築けません。

「嘘も方便」という言葉もあります。

時には相手を助けたり、チーム全体の和を維持するために嘘をつかなければならないのも事実です。しかし、職務上の自分のミスを隠したり、嘘をついたりした場合は、会社全体として取り返しのつかない事態に陥る可能性もあります。

人間は自己防衛本能があり自分のミスを隠したがる傾向があるのも事実です。

このような時に部下の嘘を見抜き、真実を報告させ、よって適切な事後処理を行うのもリーダーの責務でもあります。

ここでは私が嘘をついた経験と、嘘を見破って事実を把握できた経験から、嘘を見抜く方法を整理してみたいと思います。

米国のあるＣＩＡ捜査官が、嘘を見抜く手がかりは最初の五秒間にあると言っておられたのを記憶していますが、私の経験でも最初の五秒間、つまり報告開始の最初の五秒間が重要です。

嘘をつくということは、頭の中で「嘘」のストーリーを一生懸命作ってそれをあたかも真実かのように話し、そして演じなければなりません。

普通のまともな人間であれば、誰でも嘘をつくことには罪悪感を感じるはずです。よってその罪悪感が体の動きや言葉使いに現れます。

まず、嘘をついている人は目が泳ぎます。罪悪感からまともに目を合わせられなくなります。そして、目をそらしたくてコップの水を飲んだり、足を組んだり、手で顔や髪の毛を触ったり、落ち着かない動作になります。

これらは嘘を隠すために表情を繕っているからです。相手の目を凝視して報告を受ければ、不自然なこれらの動作や表情は確実に把握できます。

次に、嘘は言葉使いにも現れます。

普通の話すスピードとは違い、何だか焦っているように話すスピードが速くなったり、言い直す場面が多かったり、どもったりしたら注意すべきです。

このような時は、嘘だろうと質したり、叱責したりするのは逆効果で、「優しく、おかしいね！　本当は違うのではないか？　嘘をつかなくてもいいから何でそうなったか、これからどうしたら挽回できるか考えようよ！」といった具合に本人に嘘を撤回させ、これから頑張って修復、挽回しますという気持ちを持たせることが重要です。

パワハラ・モラハラと育成の境目

パワーハラスメント（パワハラ）とは、二〇一二年三月、厚生労働省に設置された「職場のいじめ・嫌がらせ問題に関する円卓会議」とワーキング・グループの「職場のパワーハラスメント」における定義によると

「職場のパワーハラスメントとは、同じ職場で働く者に対して、職務上の地位や人間関係

などの職場内の優位性を背景に、業務の適正な範囲を超えて、精神的・身体的苦痛を与えるまたは職場環境を悪化させる行為をいう」

とあります。

つまり、「パワハラ」とは職務権限のある人が本来の業務や指導の範囲を超え、人格や人としての尊厳を侵害し相手に精神的、身体的苦痛を与えることです。

仕事に厳しく、自分にも厳しい人は、部下をよく叱責します。それは部下を育てるために必要なことです。しかし、叱責する場合に、「だからお前は駄目なんだ」とか「お前はクビにしてやる」というように、人格を否定したり、雇用不安を与えるような言葉については、本人が精神的、身体的苦痛を受ければ明らかにパワハラです。

叱責の言葉の中に「だからお前は駄目なんだ」とか「お前はアホか」という言葉が入っていたらどうでしょう?

その人が精神的苦痛を受ければパワハラであり、苦痛を受けず頑張りますという気持ちになればパワハラではありません。

要は受け取る側が人格否定等の苦痛となる言葉であると苦痛を受ければパワハラ、セクハラ、モラハラということになります。

余りにも過敏になり過ぎると上司は何も指導できなくなります。パワハラと取られることを恐れて叱責もできない組織はそのうちに崩壊します。

要は叱責は指導に不可欠、叱責する場合は相手の人格やプライドを否定しないことが大事となります。

また、部下に愛情を持ち、親身に指導する状況であれば、厳しい叱責の言葉を発しても相手にパワハラとはとられないと思います。それは上司と部下の信頼関係が出来ているかどうかによります。

自発的に部下を動かせるコツ

自発的に部下が動くのは、部下が自分の存在と役割が組織にとって必要であり、組織が自分を必要としていることを認識できた時、リーダーや仲間と一緒に仕事をするのが楽しく満足感がある時、仕事に誇りとやり甲斐を感じている時、このような時に部下は自発的に動きだします。

強圧的に動かそうとしたり、またおいしい褒美を与えても部下は動きますが、それは一時的または面従腹背的な行動であり、ここでは対象としません。

それでは、どのようにしたら部下が自分自身の存在意義を見出し、組織に必要な人材であると認識できるのか、そして仕事が楽しいと思えるのでしょうか？

人は自分が認められて初めて自分の仕事に自信を持ち、仕事にやり甲斐を感じます。

人は、感謝されたり、褒められたり、期待されると、自分の存在意義を実感し、組織にとって自分は役に立っていると認識します。自分が認められていることを実感できるからです。

そして、その仕事が人や社会の為になっていることを認識できれば、仕事に誇りとやり甲斐を持ち、更に自発的に動きます。

このためには部下に対して次のように指導または配慮しなければなりません。

①創業理念、経営理念を正しく理解させること。

部下の行っている仕事が会社の創業理念である社会貢献の目標を達成するための重要な一つの仕事であること、そしてそれは世の人の幸せのためであることを理解させる。

②自分の使命を理解させること。

会社における自分の使命＝目的＋任務を明確に理解させること。自分の使命の達成が会社の目標達成にいかに重要であるかを理解させること。

③目標を明確に示し、理解させること。

目標とは、何を……いつまでに……どのような状態にする。というものであり、部下が頑張れば到達可能な具体的な目標を付与してやること。

④リーダーが責任をとる覚悟を日頃から表明しておくこと。

リーダーは「失敗しても責任は自分がとる。従って報告はマメにしてくれ！」等の意思を明確に表明すること。

⑤部下の報告や仕事の進捗状況を把握し、良いところは褒め、不具合があれば親身に指導すること。

権限と責任の与え方

管理職やチームリーダーを自発的に動かせる最も確実な方法は、彼らに権限と責任を与えることです。

私の隊旗艦艦長時代の印象深い経験について紹介します。

護衛艦隊旗艦の艦長は護衛艦隊司令官の直下ですので、普通の護衛艦のように上位に隊司令、群司令と存在せず、直接護衛艦隊司令官に提案できることから試行できたものです。

自衛官は二四時間勤務ですが、民間と同様に週休二日制です。しかしながら、護衛艦は長期行動をするため母港に帰投した時に代休の処理に苦労します。特に護衛艦隊旗艦は入港時に各国高官等のＶＩＰの来艦が多く、その接遇のために乗員に休暇を与えることが難しく乗員の士気低下の原因にもなっていました。

しかし、長期行動で蓄積した代休は母港停泊時に処理しなければなりません。

また護衛艦隊旗艦は入港時には汚れた船体を整備して、速やかに艦の威容を整えなければなりません。

このため、入港時は様々な作業で大騒ぎになります。

そしてこれらの作業員の派出や振り分けの労務管理を行うのは下士官の最上級者である先任海曹（CPO: Chief Petty Officer）です。

護衛艦乗員の上陸（外出）、代休、休暇等の処理は、士官はその行動の特性上自由がきくようになっていますが、下士官・海士は厳しい管理下に置かれており、下士官・海士の労務管理を行う先任海曹も同様です。

そこで、これらの問題を解決する一方策として、先任海曹の外出、代休処理を士官と同様の申請なしの先任海曹室管理で大幅に自由のきく方法とし、下士官、海士の勤怠管理の権限を先任海曹に与えました。

当初、先任海曹たちは自由に休めると大喜びし、艦長は理解があると思っていたようです。

私は艦の一カ月の行動予定表にこの日は全員在艦という●マークを示し、その日以外は作業に必要な人員を残して代休処理のため一部の乗員を休ませてよいとし、その管理を先任海曹に任せました。

その結果、予想外の状況が生起しました。

例えば、長期行動で夕刻に入港した場合、今までは船体整備の担当部署は夜間照明で深夜まで船体塗装等の整備をしていましたが、調理員を始め他部署の乗員が総出で作業を行い一～二時間で整備を完了し、保安当直員を残して上陸（外出）していくようになりました。

これには驚きました。

またこれを契機に部門の垣根を越えた協力、支援の態勢が向上し、艦の組織力が顕著に向上しました。

私が艦長を終える際の送別会で、先任海曹たちが口を揃えて「最初は自分の行動が自由に決められると喜んでいたが、結果的にほとんど休めなかった」という言葉を聞いて、権限の付与と責任の重要性を再認識しました。

自分で計画させる。計画に参画させる

これも艦長時代の経験です。

初めての艦長配置についた時、乗員の積極性とまとまり、特に部門を越えた横の人間関

係について注意深く見ていました。

積極性については、下士官の役職クラスになると所掌業務においては極めて積極的に業務をこなしていますが、役職者以外は待ちの姿勢が強かったのです。

横の人間関係についても、下士官の上級クラスになると長年の勤務により部門外の人間との親しい交流はあるが、若い隊員はその人間関係がほとんど部門内、パート内に限定されている印象を強く受けました。

この状況を打破するために、若い隊員にイベントを発案させ彼らに計画、実施させてみました。

護衛艦の行動やイベントは全て士官が起案して艦長が決裁して実行します。艦の行動自体を乗員に計画させることはもちろんできません。

護衛艦隊旗艦は各護衛隊群との訓練で日本を周回する行動がよくありました。

この様な機会に、例えば、寄港地等での艦内体育競技、ピクニック、カラオケ大会、釣り大会、ボーリング大会、ボランティア活動等も通常は若い士官が起案していましたが、これを若い隊員に発案させ、各部門の若い隊員で実行委員会を作り計画から実施までやらせてみました。

すると大変なことが起こりました。実行委員の若い隊員は、航海中でも自分の当直が終わったら寝る暇も惜しんで計画や他部門の下士官との調整を行っていました。しかもその顔は嬉々として輝いていました。

当然、士官室の若い士官や下士官の関係者には支援の指示を出していましたが、いずれにしても自分が計画したり、計画に参画したら人はこのようにも積極的に動きだすのかと驚きました。

特に若い社員には、会社や部門の業務に参画しているという意識を持たせることが極めて重要であるという一つの教訓です。

第六章

日本人の特性を生かす強い組織の作り方

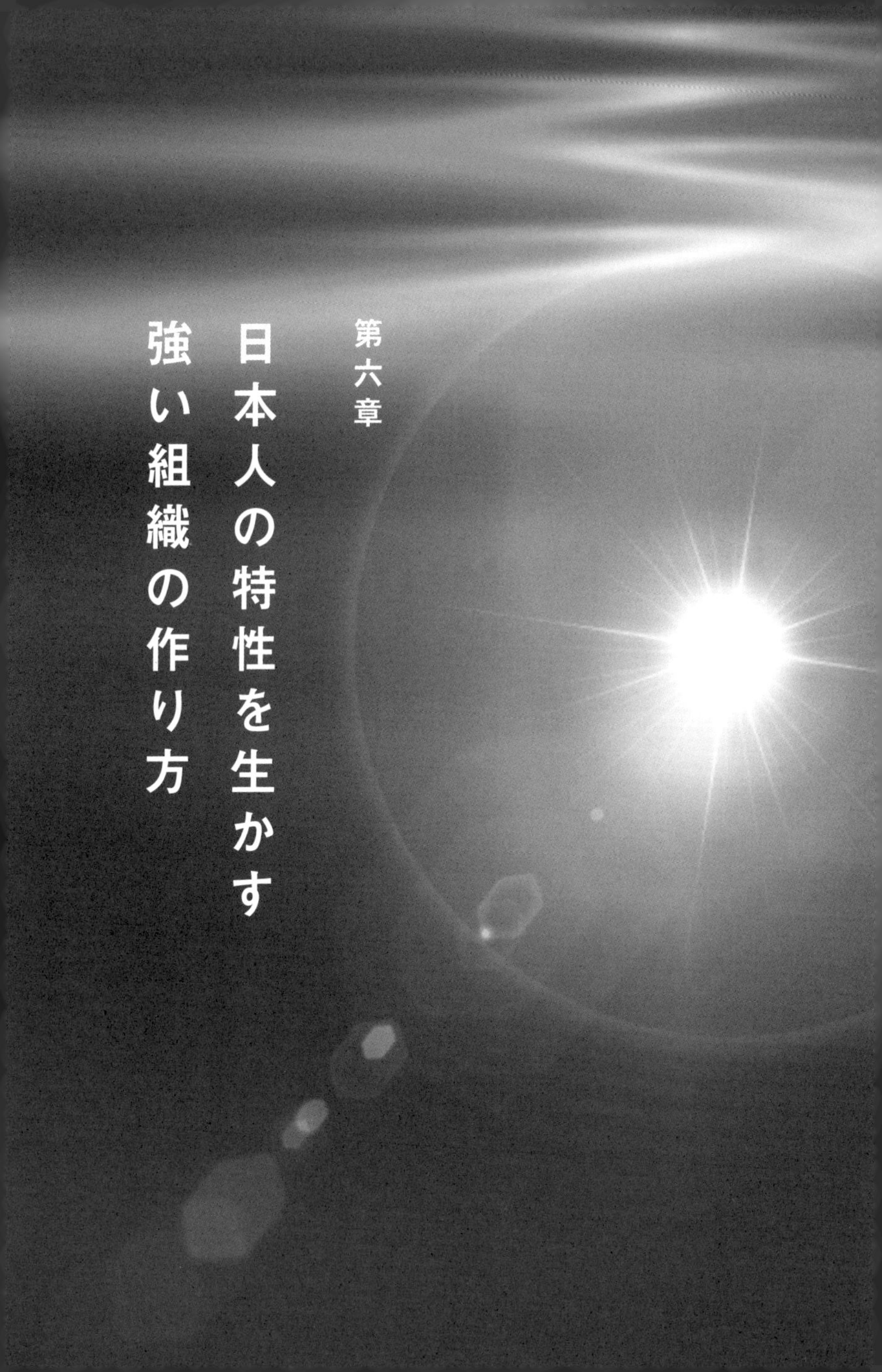

真面目、勤勉、思いやり

牧草を求めて移動していく遊牧民や、獲物を求めて生活する狩猟民族は厳しい風土、生活条件の中で生き延びるために自律的かつ個別的にならざるを得ません。

しかし、古代日本のように農耕社会、特に稲作社会の場合、灌漑、水防の建設等共同作業が必要となり集団の協力が不可欠でした。

このため、個人的わがままは許されず、相互依存で生きて行かざるを得ません。

このような他律的な社会を支配する論理は、集団の論理であると言えます。

そしてこの社会においては、勤勉、まじめ、努力、思いやり等の人徳が重んじられ、実力主義に伴って生じる嫉妬等による仲間割れを「和」の精神で落着させようとする傾向が強くなります。

ルース・ベネディクトは、その著書『菊と刀』で日本文化は罪の文化でなく、恥の文化であると述べました。

恥をかく、笑われる、というように他人の批判に敏感で世間体を気にしながら行動する心情は、まさに日本人の基本感情です。このように、本来の日本人の気質は、勤勉、まじめ、努力、思いやりに加え、和の精神を尊ぶものです。

そして、鎖国及び藩制度により閉鎖された江戸時代に儒教的なモラルと結びついて「恥」及び「義理・人情」を重視する精神が形成されたと言えます。

更に、この精神は、明治時代の国民教育を通じて日本人の普遍的な倫理、価値観として定着したものであると思います。

連帯責任教育・運命共同体

私が四〇歳の艦長の時、横須賀教育隊の練習員課程の卒業式に参列した時のことです。教育隊の練習員課程とは、高校等を卒業し海上自衛隊に入隊した新入隊員に約三カ月の基礎教育を行う課程です。そしてこの課程を修業して新入隊員は日本全国の部隊に配属されます。

私の艦にも一人の新入隊員が配属されるため出迎えに行き、親御さんが参列されておられたらご挨拶し、ご子息がこれから勤務し生活の場となる艦を案内するのが目的での参列でした。

卒業式の式典が終わり、教育隊の食堂で家族を含めた午餐会が開催されました。その際に、ある高校の体育教師とテーブルが同じになりました。

その教師から「躾がとても悪く私が三年間かけても手に負えなかったあの悪餓鬼を、わずか三カ月で海上自衛隊はどのようにして礼儀正しい、凛々しい、好青年に変えられたのですか？」という質問を受けました。

私は当然のこととして、「団体教育、特に連帯責任教育ではないでしょうか！」と答えました。

連帯責任教育というと、鉄拳制裁や体罰という悪いイメージがあるのではないでしょうか？

海上自衛隊の連帯責任教育は自己啓発や組織啓発といったニュアンスが強く、チームの中の一人が失敗しても、或いは生活態度で問題があってもそれはチーム全体の問題であり、そのチームに責任があるという考え方です。

カッター競技で誰か一人がオールを流し、成績がビリになった場合でも、オールを流した個人が悪いのではなく、一人だけオールを流すような漕ぎ方をしたチームが悪い、或いは一本のオールが流れても残りの一一本のオールで勝てなかったそのチームが悪いという考え方です。

子供の頃、空き地でよくソフトボールをした経験をお持ちの方は多いと思います。バッターが打ったボールがホームランとなり民家の窓ガラスが割れた。怒った怖そうな親父が出てきた光景を想像してみてください。

ソフトボールチームの仲間は、打ったバッターに「お前が悪い」と言って皆逃げる、最近はそのような風潮ではないでしょうか？

しかし連帯責任教育を行うと、間違いなくチーム全員で窓ガラスを割り申し訳ありませんでした、と謝るようになる。

皆が揃って丁重に謝ると、さすがの頑固親父も怒れず、以後注意しろとしか言えません。或いは「ここまで飛んでくるとはすごいバッターだね！　プロ野球選手になれるかもね！」等々、褒め言葉すらでてくるかもしれません。これが連帯責任教育です。このような行動をチームとして行うと、行動の形ができます。形が出来ればその形を行うことで気付きがあり、そして定着します。

私は自衛隊退官後、ＩＴ会社の人財学校長として、約一〇〇人の新入社員の入社教育を約三年間実施しました。新入社員の入社教育は富士の麓の研修所で一週間の泊まり込み研修でした。この際も海上自衛隊の班対抗方式と連帯責任方式を導入しました。

個人指導で長髪等の身だしなみの不具合を指摘してもなかなか直りませんが、グループごとに身だしなみについての討議を実施させ自己のチームの不具合を考えさせると、指導員が指摘しなくても自ら散髪を申し出るようになりました。これも「海軍式考えさせる教育」の一つの成果でした。

連帯責任教育は当然、個人主義、能力主義の組織には適用できませんが、日本的な和と共存の精神で作られたチームの構築には最適です。

日本のイージス艦とアメリカのイージス艦はどちらが強いのか

海上自衛隊の護衛艦チームは何故強い？
私は海上自衛隊においては護衛艦や護衛隊群、艦隊司令部の乗組幹部、艦長、作戦幕僚等の勤務が約二〇年と恵まれた勤務であり、毎年機会のある米国派遣訓練には八回参加、二年ごとに開催されるRIMPAC（Rim of the Pacific）：環太平洋合同演習には四回参加しました。

米国派遣訓練や国内での米海軍との共同訓練はもとより、我が国に親善訪問した英・加・豪・仏・露・韓・チリ等の海軍と個別に親善訓練を行い、また操艦技量や戦術技量を把握できる各種のイベントを行った経験を有していますが、自信と確信を持って言えることは、海上自衛隊の部隊ほど一種独特の強さがあり柔軟性のあるチーム力を発揮できる海軍を見たことはありません。

海上自衛隊のチームはまるで城壁の石垣のようであり、石垣を構成する石であるチーム員は石と石の間の隙間をチーム員がお互いに補完しながら見事に埋めて、強固な石垣を形成してくれます。

そしてその石垣は指揮官の任務や目的に応じて柔軟に形を変えてくれます。

海上自衛隊現役時代、「艦の能力は艦長の能力を超えることはない」とよく指導されました。会社に言い換えれば、会社の能力は経営者の能力を超えることはない、ということです。まさにその通りです。

石垣全体の広さは艦長や企業経営者の能力そのものであり、海上自衛隊や日本の社員のように人材が優秀で協調性を有する場合は、艦長や企業経営者の能力の広さに応じて、チーム員個々の石が大きく、或いは小さくなり、隙間を見事に埋めてくれます。

このようなチームは、いかなる業務に対しても柔軟かつ完璧に応えてくれます。

これは日本人の価値観、精神文化による人間関係によって達成されるものであり、理想的な組織であると思います。

また、強くて柔軟なこの組織こそがグローバル化の将来に生き残る強い組織であると確信しています。

集団主義から能力主義、個人主義の社会へと変わりつつある現代日本、このグローバル化という波、うねりに乗るのが良いのか、それとも日本人独特の和と共栄の力を活かした強固なチームワークを維持し、チームの力を最大限に発揮する従来の日本型組織が強いのか。

私は日本人には能力主義、個人主義は適合しないと思っています。

戦後の驚異的な復興も、世界に類をみない和と共栄を尊ぶ日本民族のチーム力の強さのなせる技であったと信じています。

明治維新後、短期間に世界のトップレベルに成長した日本海軍の精神、伝統はそのまま海上自衛隊に継承されています。すなわち、海上自衛隊は個人主義の西欧化に流されることなく、日本人の持つ一種独特の価値観、精神を継承し、世界最強のチーム力を維持しているといえます。

ある講演セミナーでの一コマです。

筆者：「海上自衛隊と米海軍のイージス艦は、米海軍のイージス艦が保有するトマホークミサイルや衛星を使用した全世界指揮システムネットワークを除けば、ほぼ同等の能力です。

その様な、ほぼ同等の能力の日米のイージス艦がミサイル射撃や各種の作戦訓練で技を競い合うことがあります。

本番になると何故かシステムのトラブルや故障がよく起きます。このようなトラブル発生の場合、海上自衛隊のイージス艦と米海軍のイージス艦はどちらが応急処置による任務の達成という点で優ると思いますか？」

聴講者：数名が「海上自衛隊！」、一人が「米海軍」と答える。

筆者：「色々な状況がありますが、私の多くの実戦的な共同訓練の経験から言えば、海上自衛隊の方が優ると思います。

実際に訓練では海上自衛隊のイージス艦の方が戦果を上げます。どうしてだと思いますか？」

聴講者の一人：「海上自衛隊の方が米海軍より個人の能力が高いから」

筆者：「個人の能力については海上自衛隊の方が高いとは一概に言えません。米海軍には将校、兵員ともに素晴らしい能力と経験を持った軍人が多数おり、プロアクティブという観点からは米海軍の方が上だと思います」

聴講者の一人：「海上自衛隊の方が米海軍よりチームワークがいいから？」

筆者：「チームワークは日米ともに優れており、優劣はつけられないと思います」

聴講者：沈黙

筆者：「日米イージス艦ともに同じマニュアルを使用しており、チームがそれぞれの役割を果たして一つのオペレーションを行うチームワークには変わりはありませんが、チームとして発揮される総合力という点において海上自衛隊のチームは卓越しています」

ここまで話したところで聴講者の目は輝き、興味津々という雰囲気となった。

私はイージス艦を含む護衛隊の隊司令として、米海軍のイージス艦主体の艦隊と共同訓練を数多く実施しました。

また日本がイージス艦を導入する前の米国派遣訓練において米海軍のイージス艦に約一カ月乗艦し研修した経験もあり、当時の米海軍のイージス艦のシステム、ドクトリン等はおおむね把握していました。

米海軍と海上自衛隊の連携は強固であり、また強固な日米同盟に基づき、米海軍は海上自衛隊にほぼ最新鋭のイージスシステムを提供しています。

米海軍と同等のシステム能力のイージス艦を有しているのは海上自衛隊だけです。

日米のイージス艦が、弾道ミサイル防衛訓練としてＳＭ－３ミサイルを使用した弾道ミサイル迎撃訓練をしたとしましょう。

日米のイージス艦は同様のマニュアルに従い、同様の射撃を実施し、同様の成果が得られると思います。

ところが、本番になると色々なトラブルが起こるのは世の常です。

トラブルが起ころうが、状況が急変しようが、チームとして臨機応変の処置をして任務を完遂する力が真のチーム力です。

例えばイージス艦のオペレーションを一〇人のコンソルオペレーターで実施するとしま

しょう。

海上自衛隊のチームは一つのコンソルが故障した場合や、一人のオペレーターが負傷して戦列から離脱した場合でも他のオペレーターがカバーできます。

同じマニュアルを使用しても、自分の役割を一〇〇％果たすには他のオペレーターの仕事を理解しなければチームの一員として全幅の貢献は出来ない、という考えが日本人的考え方です。**いわばチームがあって自分があるという考え方です。**

他方、欧米の考え方は、マニュアルに従いそれぞれのオペレーターは自分の役割を果たすことでそれぞれの役割は完結するものであり、**個人主義的なチームの一人一人が存在することによってチームが成り立つという考え方でもあると言えます。**

別な言い方をすれば、日本は性善説に基づく集団主義であり、欧米は性悪説に基づく個人主義という考えにまでたどり着いてしまいます。

日本社会にもマニュアル化、標準化の波が押し寄せていますが、これらは個人のそれぞれの役割を統合して一つの任務を達成するための方策であり、その役割をある程度の教育訓練を施せば、だれでも普遍的に配置できる方策に過ぎません。

日本人の和と絆の強さは世界に類を見ず、組織が、チームが一つの目標に向かって一体となれば、どのような大波にも翻弄されることなく、軍艦が大きな波を切って進むような爆発的な総合力を発揮することを私は幾度となく経験しました。

軍艦は針路、速力の選定、熟練な操舵等、チームが一体となれば、大きな波に対しても翻弄されることなく、波を大きくかぶりながらもずしりと安定した航行ができます。

旧海軍時代からこの様を「波を切る」と表現しています。

組織が使用可能な人・物・金の全資源を活用し組織全体が一つの目標に向かえば、まさに軍艦が波を切って進むような不動の爆発的な力を発揮できると信じます。

海軍式教育の民間企業社員教育への適用の教訓等

●新入社員教育

私が海上自衛隊を定年退官して勤務した会社はＪＡＳＤＡＱ上場のＩＴ会社であり、創業者の人格、経営の絶対感性、創業理念も素晴らしく、会社組織や新入社員教育もすばらしいものでした。

人財学校長として就職した私の使命は、富士の麓の研修所で一週間の泊まり込み研修による新入社員の基礎教育と、各部門に配属されるまでの約三カ月のＩＴ教育と、ＩＴ会社社員としてのＩＴ資格を取得させることでした。

一年目の社員研修は、会社の従来のやり方を大きく変更せず、海軍方式の教育は一部分しか取り入れず、半ば様子見の姿勢で臨みました。そして二年目からは、本格的に海軍方式を取り入れました。

●学生気分から社会人気分への切り替え

毎年採用した約一〇〇人の新入社員の入社教育を約三年間実施しましたが、最も大事で最も大変なことは、学生気分から社会人意識にいかに早く切り替えさせるかでした。

高校、大学を卒業するまでの一八年間または、二二年間に身体に染みこんだ「教えてもらう」という受け身の姿勢の学生気分をいかに壊して、自ら考えて自らの行動を律する社会人意識に切り替えられるかということに尽きます。

これが一番困難で一番大事な新入社員教育の一つであり、このためには先に述べた班対抗方式の海軍式教育により、班で考えさせ、班の行動の方針をまとめ、その方針に従って班の全員が切磋琢磨して目標を達成するというアプローチが最も効果的でした。

例えば、ＩＴ会社の新入社員として約三カ月間の新入社員教育期間中に達成しなければならない目標の一つに、ＳＣＳＡというＩＴ資格の取得がありました。

一年目の教育では三カ月の期間で取得できたのは二四名で約二五％の取得でしたが、二年目は開始約一カ月で四八名という約五〇％の取得を達成しました。

一年目の教育は、ＩＴ教育会社の豊富な自前のインストラクターをフル活用した講義形式のＩＴ教育でしたが、二年目は海軍方式の考えさせる方式に変更しました。海軍方式の考えさせる方式とは、集団教育・連帯責任教育で、しかも皆で不具合と改善策を考えさせる方式です。

このため、目標を三カ月でそれぞれ全班員のＩＴ資格取得とし、班対抗の資格取得競争とし、各班には班独自の資格取得のための計画（事業計画として）を作成させ、理解の壁にぶつかったら専門分野のインストラクターに具体的な質問とプレゼンを要望する形式としました。

しかしながら、このやり方を発動して一週間は何も進展はなく、毎日班で議論をしているばかりで資格取得のためのステップ、マイルストーンすら作成できない状況でした。

まさに学生気分を払拭できず、うちの会社は素晴らしいインストラクターが豊富にいるのに、どうして教えてくれないのか？　という学生気分そのものが噴出した一週間でした。

さすがに一週間過ぎると焦ってきたのか、新入社員は動き出しました。

そして動き出したら、資格取得のための学習計画の作成から資格取得までの速さは驚異的でした。

●同じ勉強方法のグループ分け……蟻の１／３の法則

グループ分けについても特殊な分類を決行しました。

働き者の蟻も、よく観察すると一生懸命働いているのは１／３の蟻で、残りの２／３の蟻はただ動き回っているだけで仕事はしていないそうです。

そこで働いている１／３の蟻だけ集めて様子を見たら、一回目に働いていた１／３の蟻のうち働いているのは１／３で、残りの２／３の蟻は働かなくなったそうです。これを蟻の１／３の法則といいます。

資格取得のためのグループ分けについて、いろいろな性格、いろいろな学歴、いろいろな能力の新入社員をバランスよく配分した班の編成は蟻の法則になる。

このため同じ性格、特に同じような勉強の仕方をしてきた社員をカテゴライズして班編成としてみました。

具体的には、TOEIC八〇〇点以上のグループ（女性だけ八名）、大学理科系卒のグループ、大学文化系卒のグループ、大学体育会系のグループ、IT関連専門学校卒のグループ、高校卒のグループです。

この中で記録的な短期間でSCSAの資格を全員取得したのはTOEIC八〇〇点以上の女性のみのグループでした。

英語の勉強は根気強い継続がなければ成果が得られず、そのような勉強法でお互い理解しあえるTOEIC八〇〇点グループは、IT関連の知識は素人であってもホンの一カ月で全員がIT資格を取得しました。

●新入社員の同期の仲間意識を高める美点凝視スピーチ

新入社員の同期の仲間意識を高めるのは一週間の入社研修で十分可能です。そのためには、班対抗競技の教育手法が最適でした。

班を編成して、その班のまとまりとパワーを出させるためには、班内で三分間の美点凝視スピーチを実施させたら効果は抜群でした。

班内で二人のペアーを組ませ、お互いに自己紹介や経歴、性格等について話し合わせ、班全員の前で相手の良いところ三点を三分間でスピーチさせました。

これにより、班内でそれぞれの個人の良いところ、美点が紹介され、班員が美点を紹介された人に対して尊敬の念を抱き、信頼を寄せるようになりました。

その結果、班員全員のホワイトエンジンが起動し、すばらしいチーム力が発揮されました。

●社員教育の在り方

私が実施したＩＴ会社の社員教育は、社長はほとんど全期間参加、役員、部長も必ず一回は見学に来るという、会社をあげての富士研修でした。

当社の研修期間中に、他の会社の新入社員教育が社員教育会社に委託されて行われていたため、その研修を遠くから詳細に見学しました。

専門会社に委託した研修は、発声の基本等の教育はやはり専門性を感じましたが、創業理念の理解、会社の理念、先輩社員の熱き想い等を新入社員に沁み込ませるという点においては不十分であり、委託業務の限界を感じました。

やはり、新入社員教育は社長始め役員、部長が参加し、新入社員がこの人たちと今後事業を展開して行くんだという気持ち、この人たちと一緒に働きたいという熱き思いを持つ研修でなければ意味が半減します。

二年目の研修においては、執行役員や部長レベルを新入社員研修の班編成のリーダーとして配置して研修を行った結果、三カ月後の部門配属後には一週間の研修の熱い関係そのものが実際の業務活動となっていたことも驚きの成果でした。

●管理職教育

最近、会社の上司による命令、指示の出し方、指揮に関する意識の欠如、社内メールは仲良しクラブかと思えるようなけじめのないやり取り、このような不具合な状況を改善できるリーダー、部下を育てるために真に叱責できる上司をほとんど見かけなくなっています。

たまに厳しく指導している場面にも遭遇しますが、その大半は部下の失敗を怒っているだけで、部下の成長のための叱責ではないと感じます。

「怒る」と「叱る」の違いも分かっていない管理職が多い。

今や「厳しいが暖かい管理職」が求められており、このためには管理職たるリーダーは率先垂範して業務に当たり、部下に対する親身な愛情をもって、厳しいが暖かい指導を行わなければならないと痛感しています。

管理職は、大切な人財を社会から預かっているという認識を持って部下に真剣かつ親身に、厳しくかつ暖かく向き合い、部下を育てて社会に返す責任があります。

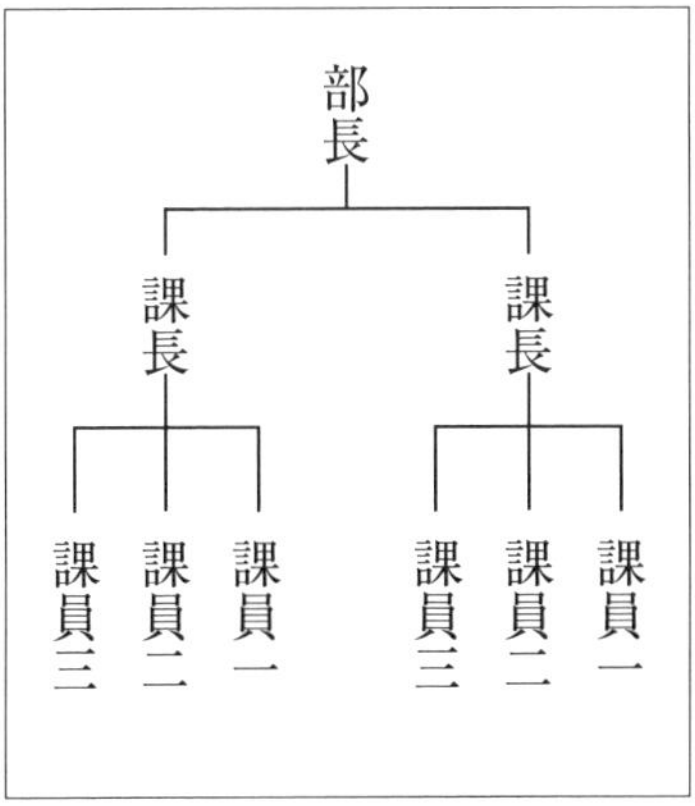

●正しい命令の出し方の演習

海上自衛隊の幹部なら、二〇代そこそこの幹部でも五分で実施できると思われる問題を作成して、セミナーにおいて実施させてみましたが、残念ながら三〇分という時間内にできたチームは未だいません。

この課題をあなたの会社の実際の配員でチャレンジしてみてください。

一〇分程度で完了すれば、素晴らしいチームであり、三〇分経っても終わらないチームは今後教育する必要があります。

問題は次のとおりです。

前頁のような編成として部長×一人、課長×二人、課員×六人の九人を一チームとします。部長に対して作業指示により作業を実施させる課題です。

ただし、命令・指示・相談・報告はペーパーにより行い、発声は一切行ってはいけません。つまり、全て手書きの命令、指示、報告のやり取りで行います。課員にはそれぞれカード一〇枚を配布します。カードは適当な絵や数字とし、数字のカードは同じ数字のカード三枚は一組のみ、その他の同じ数字は二枚以内として、課員六人にバランスよく配布します。

次の作業指示を部長に与えて課題を開始します。

作業指示「課員六人の持っている六〇枚のカードの中から同じ数字のカード三枚のみ集めなさい」

この課題は、部長が課長、課員に対して錯誤のない適切な命令、指示を出して、課員六人の持つカードの中から同じ数字のカード三枚のみを集める課題です。

ある会社の現職の部長、課長、課員を配置して実施してみましたが、三〇分で出来ませんでした。

あなたの会社の実際の配員で挑戦してみてください。

部長や課長の日ごろの指揮・統率、課員の報告状況が一目瞭然に把握できます。

因みに、この課題の実施のポイントは二つあります。

●一つは、部長から課員までの全員が、目標と任務を理解すること（情報の共有）

●二つ目は、誰に何を実施させるかを明確に示すこと（明確な任務・ジョブの付与）

この二つのポイントを理解すれば簡単に完了できます。

「初級士官心得」〈抜粋〉

海上自衛隊には旧日本海軍から引き継いでいる初級士官心得が数多くありますが、ここでは代表的な教えを抜粋して紹介します。

一　熱と意気を持ち、純真であれ

初級士官は、一艦の軍規風紀・元気の根源であることを自覚し、青年らしい純真さと若々しさの中に、熱と意気を失わず、勤務に精励せよ。

二　常に修養に努めよ

常に自啓自発に努め、士官としての品位を保ち、清廉潔白の風を養い、厳正な態度動作を心掛け、公正無私を念とし、功利打算を脱却することに努めよ。

三　広量大度《こうりょうだいど》で常に快活であれ

狭量は艦（隊）の統制を乱し、陰欝は士気を沮喪《そそう》させる。忙しい艦（隊）の中にも伸びのびした気分を漂わす様注意せよ。日常は細心でなければならないが、コセコセすることは禁物である。

四　礼儀正しく、敬礼は厳格であれ

厳格な敬礼は、規律の第一歩であり、正しい秩序は礼儀によって保たれる。初級士官は常に謙虚な心構えで上司及び同僚に対し、親しい中にも礼儀を失わず、上下一致の源泉となる様努力せよ。

五　旺盛な責任観念を持て

旺盛な責任感を持つことは、艦（隊）務の遂行上、第一の要素である。

責任観念は、自己の職務に対する誇りと、その本文を全うしようとする心構えから生まれる。一つの命令を下し、あるいは命令を伝達しようとする場合、その遂行を最後まで見届ける必要がある。

このようにして、初めてその責任を全うしたものといえるのである。

六　進んで難事に当り、常に縁の下の力持ちとなれ

艦（隊）内各部の配置及び諸作業は、実に千差万別である。

各自がその配置において、それぞれ全能力を発揮することによって、全艦の全能力を発揮できるのである。

これが為には私慾にとらわれることなく、素直に物を考え、正しく物を見て、どんなに苦しい立場におかれても、すすんで難事に当る覚悟と縁の下の力持ちになるという犠牲的精神を持たねばならない。

七　日常座臥《ざが》、研鎖に努めよ

日常の艦（隊）務そのものが勉強であることを銘記し、忙しい時程自分の修養ができると考え、常に寸暇を利用して、自己研鏡の資とすべきである。

日常研鑽の資料・成果などは、常に整理して記録にとどめ、後日の参考にするがよい。

何事によらず、一事に通暁徹底し、第一人者となる心構えで努力すれば、ついには万般に通ずることができる。

失敗の多くは、得意慢心の時に生ずる。艦（隊）務にも多少慣れて、自己の力量に自信を持つ頃になると、ともすれば先輩の思慮がかえって愚かしく見える時がある。

これこそ慢心の危機に臨んだ証拠であり、最も慎むべきときである。かかる時は、よく先輩の意図の理解に努めると共に、進んでその教えを乞う、謙虚にして熱心な態度が必要である。決して人を侮ったり、軽卒に批判すべきではない。

一日に三〇分でよいから読書する習性をつけ、判断力の涵養に努めなければならない。研究会や講話にはできるだけ出席せよ。教養を高めるためには、単に専門分野をのぞいているだけでは不可である。

平素、研究テーマを持ち、その研究の成果をまとめ、後に気づいた点は追加訂正しておく習慣をつけておけば、物事に対する思考力の涵養に役立つばかりでなく時に思わぬ貴重な資料となる。

八　信ずるところを断行せよ

事象の千変万化する海上生活においては、熟慮断行の余裕のない事が多い。

日常研鑽によって得た信念にもとづいて、迅速果敢に決断をせよ、また如何なる場合にも、士官たる者は率先垂範が必要であり、躊躇逡巡《ちゅうちょしゅんじゅん》はますます、消極的気分を助長させる。

信ずる処を断行して経験を深めよ。

九　報告はマメに行なえ

上級者は常に下級者のすべてをみているわけではないが、それらの行為に関して全責任を負っている。

従って上級者は下級者の些細な行動まで充分に把握しておく必要がある。

何か起こったら必ず上官に報告せよ、また作業が順調に進んでいる時でも「異常なし」と云うことを報告せねばならない。

一〇　骨を惜しむな

乗艦（赴任）当時はさほどでもないが、少し馴れてくると、とかく骨惜しみする様になる。一度、骨惜しみや不精をすると、それが習性となり容易に抜けきらないものである。

身体の汚れるのを忌避する様ではおしまいである。

一一　自身で問題を解決せよ

ある問題に遭遇したならば、その事が上官の裁決を必要とする場合でも、できるだけの情報を集めて、自身で考えた最良の手段を示す必要がある。

何か事が起きた場合、みずから考える事をせずして「どうしたらよいでしょうか」等と伺いをたてる者があるが、その様な士官は、将来重い職責を課せられた時、適切な判断を下すことが出来ない。

一二　命令は忠実に、その実施は拙速・確実であれ

上司から調査または立案等を命ぜられた場合は、すぐ実施せよ。

「明日にてなさん」は、禁物なり。

上司の希望であっても、命令と考えて実行せねばならぬものがある。よく上司の意のあるところを察知する努力を欠いてはならない。

上司には誠実な尊敬をもって接すべきである。意見の相異があれば卒直に述べて教えを

請うべきである。部下の前で上司の悪口を云う様な事は、天に向かって唾をするにひとしい。深くいましめるべきである。

一三　船乗りらしくあれ

シーマンシップとは、船乗りとして常に持たねばならぬ心構えとわきまえて、日常これを実践することが大切である。

昔から「スマートで目先がきいて凡帳面、負けじ魂これぞ船乗り」といわれているが、これをそのまま実行すれば良いのであり、船乗りとして欠くことのできない能力の養成と共に、絶えず心掛けねばならないことである。

一四　技術に対する関心を深めよ

用兵者は、とかく用兵術の研鑽のみにとらわれ、技術への関心、研究をおろそかにしがちである。与えられた兵器、計器をして最高度に能力を発揮させる為には、そのすべてを詳細に知らねばならない。さらに兵器、計器の進歩には用兵者の一層の理解協力が必要である。

一五　回覧類は熟読せよ

回覧類は必ず目を通して、必要なところはメモしておけ。これをよくみていないが為に、当直勤務に間違いを生じたり、大切な書類の提出期日をあやまり、将来勤務上必要な時の用に立たなくなったりすることがある。

一六　小言をいわれるうちが花である

初級士官時代は新しい経験の連続である。失敗をおそれ、また上司に叱られることや部下や同僚に笑われることなどを恥ずかしく思うような態度では、遂には消極の淵にはまり込んで任務が全うできなくなってしまう。

何事にも意気と熱で積極的に体当りせよ。

これによって得た教訓は将来の勤務を全うさせる、かけがえのない力となる。

青年将校が積極性を失うに至れば、青年将校たるの真価を失ったと云うべきである。

留意すべきは失敗後、其の原因状況その他充分研究し、此のことに関しては以後再び繰り返すことなく完全なる自分の知識とすることは更に肝要な事である。

一七　良き当直士官たれ

当直に立つときは、その責任の重大性を自覚し、万事手際よくさばき、ミスなく処理に当れ。当直中、何事があっても沈着果断に処する為には、あらゆる状況を想定した腹案を持っていることが肝要である。

一八　デアル、ラシカレ主義で行け

少尉は少尉である。中尉は中尉である。何事につけても分相応、士官は士官らしくあれ。

一九　常に整理整頓を心がけよ

すべてあるべき物をあるべき時に、あるべき所に、あるべき状感でスタンバイ（用意）しておくこと。これが戦闘即応の大切な要素である。

二〇　五分前の精神を堅持せよ

日本の社会では、集合時刻などに遅れることを、何とも思わぬ風習が根強く残っている。日常の諸作業についてだけでなく、公務以外の集合についても、「五分前」を厳守するとともに、引きあげもあっさりしているのがよい。人は艦を待つも、艦は人を待たず、である。

二一　公私の別を明らかにせよ

物品については、公用の便箋、封筒、鉛筆などのわずかなものでも、私用に供してはならない。

また、部下に私用を頼む場合は、その程度を充分考えて、部下に無理を強いたり、部下の貴重な時間を奪ったりするようなことが、かりそめにもあってはならない。

二二　他人の依頼には快く応ずる心がけを持て

依頼とは、相手の好意に依存するものである。上級者といえども強要することはできない。しかし、下級者は上級者のみならず、同僚などの依頼に対しては、職務上差し支えない限り、誠意を以て応じるのが礼である。

人にしてやったことは片っぱしから忘れ、ひとからして貰ったことはいつ迄も覚えている。

二三　物事にけじめをつけよ

当直と非番の区別を判然とさせ、非番のときには努めて緊張をほぐし、当直の場合は全責任をもって、当面の任務の遂行にあたるなど、時間的にも空間的にもけじめをつけることが大切である。

当直の場合は、出来るだけ非番の人間の仕事も処理してやるように努めるべきである。

二四　常に部下と共にあれ

いかなる仕事を命じても、必ずその終始を監督し、いわゆる放任主義に陥ってはならない。特に苦しい作業などの場合には、必ず最後まで現場にとどまり、仕事の状況によっては、風呂や夜食を用意することを考えてやれ。

二五　部下の指導には寛厳よろしきを得よ

部下を指導するにあたり、あまりに厳格に過ぎてはならない。

されればとて、寛にすぎて放任に陥ってもならない。

艦をまっすぐにもっていくためには、舵の取りっぱなしではダメで、「あて舵」「もどし舵」の呼吸が大事である。

「宜候《ヨーソロ》」にもっていくためには、

部下に悪いところがあれば、その場で遠慮なく注意せよ。

しかし、叱る場合には、場所と相手を見てやれ。

下士官を兵の前で叱るとか、正直な心の水兵をひどい言葉で叱りつけることなどは、百害あって一利なき行為である。

二六　功は部下に譲り、部下の過ちは自ら負う

「先憂後楽」とは味わうべき言であり、部下統御の機微なる心理もかかる処に在る。

二七　ワングランスで評価するな

誰にも長所あり短所あり、長所さえみていればどんな人でも悪く見えない。

雅量を持って、先ず短所を探すより先に長所を見出すに努める事が肝要、賞を先にし、罰を後にするは古来の名訓なり。

二八　名前を覚えよ

「オイ」とかいうのは下士官兵の人格を無視した呼び方である。

記憶法は色々あるが、着任後早い時機に数名宛呼び、一人一人につき、家庭、特技等一般身上につき聴くことも一法である。

二九　部下の能力を確認せよ

一等水兵に下士官の仕事を命じ、その結果が不満足だとして叱るのは無理である。

自分の考え、或は才能を以て部下を同程度に見ることは禁物、その能力相当の仕事を命ぜよ。

但し、事ある時の為の訓練にやや上級の仕事を与え之を訓練することは大いに必要なことである。

三〇　短絡（ショートサーキット）を慎め

何をやるにも、非常の場合をのぞいては、必ず順序を経てやらないと、艦（隊）の秩序が破れ、統制の乱れるもととなる。

三一　感情に訴える様な部下指導は避けよ

いわゆる、親分、子分的な関係をつくったり、自分の好みに合った部下をつくったりすることは好ましくない。

将来、誰の下についても、真面目に勤務する良い部下をつくるように心がけよ。

三二　率先垂範の実を示せ

部下を率いるときは、常に衆に先んじて難事にあたる心構えがなければならない。

また、自分が出来ないからといって、部下に遠慮、気兼ねをしたり、部下の機嫌を取ったりするようなことは禁物である。

三三　テーブルマナーは一通り心得ておけ

海外に出ることの多い海軍士官は、一人一人が「外交官」としての自覚と矜持《きょうじ》を持たなければならない。

外国語の習得はもとより、食卓における作法、食卓での話題についても、水準以上のものを身につけていなければならない。

三四　上陸して飲食や宿泊する時は、一流の店を選べ

海軍士官は品位を重んずる「種族」である。

あまり下品な所に出入して、酒色の上などで士官たるの品位を失し、体面を汚すような事があれば、海軍士官全体の体面にかかわる重大事である。

三五　部下指導の基礎は至誠なり

至誠を根本とし、熱と意気とを以て国家保護の大任を担当する干城を築造する事に心懸けよ。

おわりに

私は昭和二六年生まれで鹿児島県の大隅半島、垂水市で育ち、鹿屋高校、防衛大学校を経て海上自衛隊で約三四年間勤務し、海将補で退職したごく普通の海上自衛官でした。

海上自衛隊勤務においては、統幕・海幕・総監部・幹部学校等の陸上勤務のほかは護衛艦艦長、隊司令、護衛艦隊作戦主任幕僚等、現場と作戦畑の勤務が多く、米海軍、英海軍等世界の海軍を凌駕する強い部隊の育成と強固なチームワーク作りを目標に心魂を注いだ勤務でした。

自衛隊退官後は防衛省とは無縁の民間企業に就職し、自衛隊勤務の経験を活かした社員教育を行う「人財学校長」や取締役として約八年間、新入社員、管理職教育と会社の経営に一部参画してきました。

この間、日本人の特性を活かした強い組織力、チーム力がグローバル化の潮流の中で失われつつある現実に直面し、危機感すら持っています。

日本企業は、どうして日本人特有のすばらしい価値観や精神文化の強みを活かした組織作りをしなくなったのか？

それは日本企業の社員一人一人、管理職一人一人、経営者一人一人が日本人の特性を活かした強い組織力やチーム力がいかに強力な力を持っているかを自覚できていないこと。

また会社を構成している社員一人一人を育てること、すなわち社員の人間力の向上と躾教育がいかに会社の組織力を強くし、そしてこれこそが創業理念に掲げている社会貢献に繋がるかということを忘れ、経営や業績向上に力点が置かれた組織作りや社員教育に走る傾向が強くなっていることも問題の核心であると思っています。


このような状況下、私はライフワークとすべく『フリーWEB塾「郷什塾」』を立ち上げ、日本人の強さを活かした組織作りの啓蒙活動を行い、その活動の一環として青年会議所や各種サークル活動等の勉強会に呼ばれ、無償での講演、セミナーを実施してきました。

戊辰戦争を官軍と幕軍という形で戦った薩摩藩と会津藩は、いみじくもその青少年教育の形態が非常によく似ており、いずれも、幼少からの子供たちだけによる自治会的、自主的な教育手法です。私は、薩摩と会津から明治維新を牽引した多くの偉人を輩出したのも同じ青少年教育手法によるものという持論を持っています。

「郷什塾《ごじゅうじゅく》」は薩摩の「郷中《ごじゅう》」教育と会津の「什《じゅう》」教育の同様の教育手法を甦らせ、グローバル化社会においてリーダーシップを発揮できる人財、特に青少年を育成することを目的として命名し、鋭意ホームページを充実中です。

私の幼少時代の昭和三〇年代には、鹿児島県の大隅半島にも「薩摩の郷中教育」が様々な形で残っていました。呼称も地域によって、ごじゅう、ごじゅ、ごうちゅうと異なっていました。私の故郷である垂水市新城においては、この郷中教育は「馬追い」と「十五夜の綱引き」という行事の中に青少年のグループ活動として残っていました。

いずれも、地域の青少年のグループの年長者による年少者の教育システムであり、中学二年生レベルを頭《かしら》として幼稚園児まで含めたグループで、海遊び、山遊び、郷中グループ対抗の各種スポーツ、十五夜の綱引きのための茅、葛とり、そして綱の作成等のイベントを通じて年長者に様々な教育を受けました。

中でも印象的な遊びは、「降参言わせ」であり、二人で行う相撲やレスリングと言えば聞こえは良いが「喧嘩」です。これは二人でやらされる場合もあれば、グループ間の団体戦もありました。いずれも勝敗は相手が「降参」というか泣いたら終わりです。

人と喧嘩する場合の限度と喧嘩の仕方を実地に教える遊びであったともいえます。

現在の学校や地域で、生徒や子供たちだけで自主的に躾や倫理感を考えさせ、弱い者いじめの禁止や年長者への敬意の重要性を教育しているところはあるのでしょうか?

敢えてあげれば、全寮制で一年生から四年生まで二人ずつ八人一部屋で生活し、年長者による厳しい躾教育、訓育がなされている防衛大学校は薩摩の「郷中教育」や会津の「辺(什)教育」の教育手法に類似しています。

私は、幼少時は鹿児島の「郷中教育」で、大学は防衛大学校で年長者による教育で育ち、自分が年長になった時はリーダーとして年少者を指導してきました。

この教育手法は、人の痛みや喜びや集団の力を出す方法を教える感性教育でもありました。

本書は、私の郷中教育等での経験を踏まえて実践した海上自衛隊における強いチーム作りと民間企業における社員教育の経験から、日ごろ何とも思っていない所作や姿勢の中に、強いチームの育成やPro-Activeなリーダーシップの育成を阻害している根本的な要因があることを明らかにしたものです。

そしてこれらを改善し、日本企業の組織力とリーダーシップ、フォロワーシップを向上させ、世界最強の日本企業の組織力を回復し、これをグローバルスタンダードとして世界の繁栄と幸福に寄与すべきとの熱い想いを具現したものであり、経営者、幹部社員、一般社員の少しでも参考になれば幸甚の至りであります。

最後に、浅学非才な私の講演を機会に巡り会い、今回の出版を強く勧めて頂きました、「一般社団法人エジソン・アインシュタインスクール協会」の鈴木昭平代表、いろいろお世話になりましたＫＫロングセラーズの皆様に衷心より感謝とお礼を申し上げます。

岩渕秀樹

人を動かすリーダーの条件

著　者　　岩渕秀樹
発行者　　真船美保子
発行所　　KK ロングセラーズ
東京都新宿区高田馬場 2-1-2　〒 169-0075
電話（03）3204-5161（代）　振替 00120-7-145737
http://www.kklong.co.jp

印　刷　　太陽印刷工業（株）　製　本　（株）難波製本
落丁・乱丁はお取り替えいたします。※定価と発行日はカバーに表示してあります。
ISBN978-4-8454-2358-3　C0030　Printed In Japan 2015